Die Reform der Freiheitsstrafe.

Die
Reform der Freiheitsstrafe.

Ein Beitrag
zur
Kritik der bedingten und der unbestimmten Verurteilung.

Von
Dr. Adolf Wach,
ordentlichem Professor des Rechts an der Universität Leipzig.

Leipzig,
Verlag von Duncker & Humblot.
1890.

Die folgenden Zeilen sind die erweiterte Wiedergabe eines am 19. März d. J. in der Juristischen Gesellschaft in Wien gehaltenen Vortrags. Ich wählte den Gegenstand nicht nur, weil ich Teilnahme für ihn bei meinen Herren Zuhörern voraussetzen durfte, sondern weil es mir Pflicht schien, in der grofsen Tagesfrage das Wort für die Überzeugung zu ergreifen, welche ich teile und die sich bisher nur schüchtern an die Öffentlichkeit gewagt hat. Ich weifs, dafs ich viel Widerspruch erregen werde. Aber ich hoffe auf die Anerkennung des Strebens nach dem Guten, in welchem ich mich mit meinen Herren Gegnern eins fühle.

Die Anmerkungen sind vorzüglich für diejenigen beigegeben, welche mit dem Material nicht bekannt sind. Manches wird auch dem Fachmann nicht unerwünscht sein.

Leipzig, den 26. April 1890.

Vor zwei Decennien vollzog sich das grofse Werk der einheitlichen deutschen Strafgesetzgebung. Einer glücklichen Unbefangenheit und dem Drucke der politischen Verhältnisse danken wir unser Strafgesetzbuch mit seinem Segen und seinen Mängeln.

Die kurze seither vergangene Zeit hat hingereicht, um uns allgemach über viele der letzteren die Augen zu öffnen. Aber die vertiefte Einsicht hat die Aufgabe nicht erleichtert, sondern erschwert. Die zu lösenden Probleme sind Legion.

Soll auch fernerhin die gesetzgeberische Technik dem französischen Muster folgen? Thaten wir gut, als wir unser Gesetz auf die Dreiteilung aller strafbaren Handlungen: „Verbrechen, Vergehen und Übertretungen" aufbauten? Wie sind die Thatbestände zu begrenzen? Wie ist zu vermeiden, dafs sie sich zu den scharfkantigen, dem fliefsenden Leben nicht gerecht werdenden Gröfsen mit ihrem unerfreulichen Gefolge einer jedem Laienverstand und Rechtsgefühl unzugänglichen Scholastik entwickeln, — jener Scholastik, die uns beispielsweise in der ungesunden Kasuistik der Konkurrenzlehre, in den Haare spaltenden Unterscheidungen von Diebstahl und Unterschlagung, Raub und Erpressung, der Abgrenzung der schweren Diebstahlsfälle vom einfachen Delikt so unangenehm berührt? Ist die befolgte Methode der unbestimmten Strafdrohungen mit ihrem unklaren Anhängsel der mildernden Umstände festzuhalten? oder dürfte es nicht richtiger sein, einen engeren Normalstrafrahmen mit durch schärfende und mildernde, etwa in Exemplifikationen dem Richter veranschaulichte Momente erweiterten Strafdrohungen zu verbinden? Welchen Einfluſs auf die Strafzumessung sollen wir der Persönlichkeit des Verbrechers, seiner Gesinnung und Neigung, der Gewohnheitsmäſsigkeit seines Thuns, dem Rückfall einräumen? Wie ist das Verhältnis der Strafzumessung zum Strafvollzug zu bestimmen? Welches Strafensystem empfiehlt sich? —

Solche und andere fundamentale Fragen, der Einzelheiten zu geschweigen, drängen sich unabweisbar auf. Aus ihrer Fülle will ich eine: die Reform der Freiheitsstrafe, im folgenden einer Besprechung unterziehen. Dazu bestimmt mich ein zwiefacher Grund: die centrale Bedeutung der Frage und die lebhafte Bewegung, in welche sie neuestens die Geister versetzt hat.

Unser Freiheitsstrafensystem.

In unserem begrenzten und bedingten Dasein giebt es keinen unbegrenzten und unbedingten Fortschritt. Aber es giebt einen Fortschritt der Menschheit und zwar nicht, wie Leopold von Ranke in seinen Gesprächen mit König Max von Bayern äufsert, nur in materiellen und wissenschaftlichen Dingen[1]: durch gesteigerte Herrschaft über die Kräfte der Natur, durch Sammeln und Vererben von Machtmitteln und Wissensstoff, sondern auch auf dem subjektivsten Gebiet, im sittlichen Leben. Es ist nicht wahr, dafs in jeder Generation die wirkliche moralische Gröfse der in jeder anderen gleich sei. Ich finde einen sittlichen Fortschritt in der Reinigung und Vertiefung der sittlichen Gesamterkenntnis und in der Versittlichung des Ganzen. Die Geschichte des Strafrechts, zumal der Strafe, bietet dafür einen der vielen Belege.

Gegen Ende des vorigen Jahrhunderts erwachte das Gewissen der Völker und man schaute nicht ohne Grauen, welcher Verwilderung und Verwahrlosung unter dem Namen der Gerechtigkeitspflege die Sträflinge in den Gefängnissen und Zuchthäusern überliefert waren. In diesen staatlich organisierten Lasterhöhlen wurden sie bei schlechtester Kost in ungesunden Räumen ohne genügende Aufsicht und Arbeit, ohne Scheidung der jugendlichen von den ergrauten Verbrechern, ja oft ohne genügende Scheidung der Geschlechter einem zuchtlosen Zusammenleben preisgegeben. Da ward die Reform der Freiheitsstrafe in den grofsen Katalog der Menschheitspflichten aufgenommen, um nicht wieder von ihm zu verschwinden. Wie viel Kraft hier auch erfolglos, zumal im Suchen nach dem besten Strafvollzugssystem, ausgegeben sein mag, jedenfalls haben wir ein Doppeltes erreicht. Wir haben das wahre Ziel erkannt: die grundsätzliche Reinigung der Strafe von allem grausamen, psychisch oder sittlich verderblichen Beiwerk und ihre Sättigung mit heilsamen Elementen. Und wir haben den Erfolg menschenwürdiger Behandlung der Sträflinge aufzuweisen. Auch hat man begriffen, dafs es keineswegs genüge, das Verbrechertum mit Strafe zu bekämpfen, sondern dafs man es, um seiner Herr zu werden, an der Wurzel fassen müsse. In diesen Dienst sind die Werke der Volkserziehung, der werkthätigen, rettenden Liebe, der Kampf gegen die Trunksucht, gegen die Prostitution, gegen das Landstreichertum, wie die Fürsorge für die Arbeitslosen, für die entlassenen Sträflinge gestellt. Der Fortschritt ist unverkennbar. Aber noch sind wir weit vom Ziel. Gerade jetzt wallt die Flutwelle des öffentlichen Gewissens wieder mächtig auf. Man sieht die Zunahme der Verbrechen, das stehende Heer der Rückfälligen, seinen steten Zuzug von jugendlichen Übelthätern [2]; man forscht nach den Gründen und sucht eifrig nach Abhülfe.

So, wie es ist, kann es nicht bleiben, darüber ist man einig. Die Freiheitsstrafe, welche unser Strafensystem beherrscht, erfüllt ihren Zweck nicht. Wir sind auf halbem Wege stehen geblieben, sagen die einen, wir sind auf falschem Wege, die andern. Jene fordern eine folgerichtige Durchführung des Strafensystems und Strafvollzugs, diese — die radikaleren Reformer — weichen sehr voneinander ab. Sie klagen über die Entartung der Strafe durch Überwuchern der Besserungstendenz und humanitärer Aspirationen und sehen daher das Ziel in der Umkehr zu gröfserer Energie des Strafübels, Einführung der Prügelstrafe, Deportation und dergleichen, — oder sie meinen, unsere Grundanschauung sei falsch. Sie sei falsch, weil wir das Verbrechen und nicht den Verbrecher straften, während doch gegen ihn die Gesellschaft zu schützen sei, es darauf ankomme, ihn abzuschrecken oder zu bessern, soweit er noch besserungsfähig, oder ihn unschädlich zu machen, wenn er es nicht mehr sei. Zu all dem sei unsere Handhabung der Freiheitsstrafe, zumal die kurzzeitige Freiheitsstrafe und die richterliche Strafzumessung nichts nütze. Gegen sie also richtet sich vor allem der Angriff.

Wir sind gewöhnt, das Gebiet des Strafensystems und Strafvollzugs als den Tummelplatz mannigfaltiger Reformgedanken anzusehen. So laut und wirr aber, wie heute, tönten die Stimmen lange nicht an unser Ohr. Die Erkenntnis der Unzulänglichkeit des Gegenwärtigen und das Bedürfnis nach Abhülfe ist, in Verbindung mit einer jungen Gährung im tiefsten Grunde der Strafrechtswissenschaft, der fruchtbare Boden für üppig ins Kraut schiefsende Neuerungsgedanken.

Das deutsche Freiheitsstrafensystem und der Strafvollzug leiden an schweren Mängeln. Das Freiheitsstrafensystem und mit ihm der ganze Aufbau der Delikte nach ihrer Schwere sind eine grofse offizielle Lüge. Diese Wissenschaft ist längst Gemeingut aller Kenner unserer Strafrechtspflege. Ich mufs mich mit Andeutungen begnügen. — Die Strafarten des Strafgesetzbuchs: Zuchthaus, Gefängnis, Festungshaft und Haft, sind Schablonen, welche ihren Inhalt durch ein Strafvollzugsgesetz empfangen sollten und ihn nie empfangen haben[3]. Und doch sind sie gesetzlich fest bewertet: acht Monate Zuchthaus sind gleich einem Jahre Gefängnis, acht Monate Gefängnis gleich einem Jahre Festungshaft; die Haftstrafe ist nicht ziffermäfsig abgeschätzt; aber als Übertretungsstrafe soll sie die leichteste aller Freiheitsstrafen sein. Auf dieser Wertabstufung ruht das ganze Gesetz mit seiner Dreiteilung der Verbrechen, Vergehen und Übertretungen und fast mit allen seinen Strafdrohungen. Und diese Wertbestimmung ist durch das Leben zur Lüge geworden. Landesvorschriften und Gebrauch, lokale und persönliche Einflüsse haben, — wenn wir von der kaum häufiger als die Todesstrafe in Anwendung kommenden Festungshaft absehen[4] — praktisch die Gegensätze abgeschliffen, ausgeglichen, ja mitunter in ihr Gegenteil verkehrt. Die Keime dazu liegen bereits im Gesetz. Gleichmäfsig verbindet es mit Zuchthaus, der eigentlichen Verbrechensstrafe, und mit Gefängnis, der eigentlichen Vergehensstrafe, den Arbeitszwang, der dort eintreten mufs, hier nach Ermessen der Anstaltsbehörde eintreten kann, dort Zwang zu den in der Anstalt eingeführten Arbeiten, hier zu einer den Fähigkeiten und Verhältnissen angemessenen Beschäftigung sein soll. Das Unterscheidende ist inhaltleer. Man kann den Musiker nicht mit Klavierspielen und wird den Schuster nicht mit Schneiderarbeiten beschäftigen. Die Anstalt duldet Accommodation an die „Fähigkeiten und Verhältnisse" nur in beschränktem Mafse. Die entehrende Wirkung hat man, doktrinär genug, dem Zuchthaus abgesprochen. Gewifs: nicht die Strafe, sondern das Verbrechen entehrt; aber dem entehrenden Verbrechen sollte die äufserlich entehrende Strafe entsprechen. Jetzt entscheidet der Richter im einzelnen Fall, ob der Verlust der bürgerlichen Ehrenrechte einzutreten habe, und das ist in Verbindung mit Zuchthaus immer, in Verbindung mit Gefängnisstrafe allemal zulässig, wenn sie 3 Monate erreicht und infolge mildernder Umstände an Stelle der Zuchthausstrafe tritt oder das Gesetz die Nebenstrafe des Ehrverlusts ausdrücklich zuläfst. So wird unterschiedslos der Zuchthäusler und Gefangene der Ehrenstrafe unterworfen oder nicht unterworfen und damit zugleich der dem Zuchthaus anhaftende besondere Makel verwischt. Alles, was im übrigen der Strafe Charakter und Inhalt giebt: Art und Einrichtung der Anstalt und Crafträume, Anrede, Kleidung, Kost, Arbeitsdauer, Arbeitsart, Zulässigkeit eigenen Arbeitsverdienstes, Unterricht, Anwendung der Einzel- und Gemeinschaftshaft, Art der Disciplinarstrafen und dergleichen, ist im Gesetze unbestimmt geblieben. Was Wunder, dafs die Art der Anstalt, ihre Gröfse, die Persönlichkeit des Direktors tiefergreifende Unterschiede zwischen Gefängnis und Gefängnis herbeigeführt haben, als solche zwischen Gefängnis und Zuchthaus bestehen, zumal Zuchthäusler und Gefangene, selbst Korrigenden, nicht selten in derselben

Anstalt gehalten werden[5]. „Wir finden" — sagt ein guter Gewährsmann für die dem preufsischen Ministerium des Innern unterstehenden Zuchthäuser und Gefangenenanstalten — „überall denselben Speisetarif, dieselben Bestimmungen über Arbeit und Arbeitsprämien und dieselben Einrichtungen in Bezug auf Kirche und Schule"[6]. Abweichungen zeigen sich nur in einzelnen Punkten, so in den Disciplinarbestimmungen. „Ich will nicht behaupten", erklärte der neueste Zuchthauslitterat, der Matrosenalbert, beim Ablauf seiner Strafzeit dem Anstaltsdirektor, „nicht mehr ins Zuchthaus zu kommen, denn ich gehe wieder aufs Geschäft. Aber bei Ihnen, Herr Direktor, hoffe ich mich nicht wieder einzulogieren. Lieber fünf Jahre Sonnenburg als ein Jahr Brandenburg." — Streng, der auch als Schriftsteller bekannte Hamburger Strafanstaltsdirektor, sagte im Jahre 1888 in der Versammlung des nordwestdeutschen Vereins für Gefängnisstrafen:

„Ein Besuch der Hamburgischen Strafanstalten läfst einen nennenswerten Unterschied im Vollzug der Freiheitsstrafen nicht erkennen. Abgesehen von der verschiedenen Grundfarbe der Sträflingskleidung, ein Unterschied, der nur dem Eingeweihten verständlich ist, — und abgesehen von der auf Herkommen beruhenden Praxis, den Zuchthausgefangenen den Bart abzunehmen, was nicht selten auch von anderen Gefangenen als eine ohne Kosten zu erreichende Bequemlichkeit verlangt wird, bieten die verschiedenen Anstalten fast genau das gleiche Bild. Im Centralgefängnis, wo neben jugendlichen Sträflingen 300—400 Züchtlinge und die gleiche Zahl zu längeren Strafen verurteilter

Gefängnissträflinge verwahrt sind, in der Korrektionsanstalt, die 400—500 Korrigenden beherbergt, in den städtischen Gefängnissen, wo neben zu kürzeren Strafen verurteilten Gefängnissträflingen Haftgefangene sich befinden, gilt die gleiche Hausordnung und gleiche Verpflegung. Die Gefangenen tragen mit ganz verschwindenden Ausnahmen die Sträflingskleidung und sind mit den in den Anstalten eingeführten Arbeiten beschäftigt."

Der Berliner Strafanstaltsdirektor Krohne kommt zu dem Schlufs, die Praxis habe allen Reglements und Hausordnungen zum Trotz dargethan, dafs Zuchthaus, Gefängnis und qualifizierte Haft in der Art der Vollstreckung wesentlich nicht unterschieden sind[7]. Also ist unser ganzes Strafensystem innerlich unwahr[8].

Aber auch unser Strafvollzug ist unentwickelt, system- und haltlos und zu nicht geringem Teil gesättigt mit verderblichen Elementen. Als schweren Übelstand empfinden wir den Zustand der kleinen Gefängnisse, Gerichtsgefängnisse oder wie sie sonst heifsen mögen, in welchen es an genügender Aufsicht, Sonderung der Gefangenen, ja vielfach an Arbeit fehlt. Wird doch grundsätzlich in der „Haft" nicht zur Arbeit gezwungen und werden doch thatsächlich auch Gefängnissträflinge wegen Mangels der nötigen Vorkehrungen in den kleinen Anstalten nicht selten ohne Beschäftigung gelassen[9]. Und die Zahl dieser kleinen Gefängnisse ist grofs genug. Preufsen allein hat etwa 828 Anstalten, welche noch nicht 50 Personen fassen. Das sind die Stätten der kurzzeitigen Freiheitsstrafen. Dort empfangen die Neulinge des Verbrechens in Verderben stiftender Gemeinschaft unter der Leitung ergrauter Sünder die eigentliche Verbrechersignatur. Das viel gehörte Schlagwort von den Elementarschulen des Verbrechens trifft die Wahrheit. In den grofsen Anstalten hat die Zelle eine sehr ungleiche Aufnahme und Verwendung gefunden. Die Anzahl der Einzelzellen variiert im Verhältnis zur Gesamtbelegziffer zwischen einem und hundert Prozent. In Wehlheiden beispielsweise beträgt sie nahezu 100, in Ratibor etwa 50, in Rendsburg gegen 38, in Naugard und Werden 10, in Rawitsch und Brieg 5, in Dietz ein Prozent. Von einem gleichmäfsig durchgeführten Strafvollzugssystem mag in einzelnen Anstalten, kann aber nimmermehr für unsere gesamte Strafrechtspflege die Rede sein[10].

Dazu tritt als eines der schwersten Übel unsere Behandlung der jugendlichen Verbrecher. Einige Zahlen mögen die Gröfse der Sache veranschaulichen. In Deutschland wurden im Jahre 1887 wegen Verbrechens und Vergehens gegen die Reichsgesetze, also abgesehen von allen Übertretungen und allen gegen die Landesgesetze gerichteten Vergehen, 33 113 Personen im Alter von noch nicht 18 Jahren verurteilt. Darunter befanden sich 11 645 Kinder unter 15 Jahren. Bereits vorbestraft waren 3045 im Alter von 15 bis 18 Jahren und 1026 noch nicht fünfzehnjährige. Im Jahre 1888 erhielt sich die Gesamtziffer der wegen Verbrechen und Vergehen gegen die Reichsgesetze verurteilten Jugendlichen in der Höhe von 33 012. Über die jugendlichen „Übertreter" fehlt die Statistik. — Hier heifst es: principiis obsta! Und was geschieht? Unser Strafgesetz bietet uns auch hier Steine statt Brot. Ganz äufserlich stellt es zwei heterogene Prinzipien nebeneinander:

das der Zwangserziehung, d. i. Überweisung in eine Besserungs- und Erziehungsanstalt, in welcher der Korrigende bis zum vollendeten zwanzigsten Lebensjahr gehalten werden kann, und das der Kriminalstrafe. Die Zwangserziehung ist für die Kinder unter 12 Jahren, welche als solche überhaupt strafrechtlich nicht verantwortlich gemacht werden können, und für die Zwölf- bis Achtzehnjährigen, die ohne die für die Erkenntnis der Strafbarkeit erforderliche Einsicht gehandelt haben, die Kriminalstrafe für die Jugendlichen zwischen zwölf und achtzehn Jahren, welche bei ihrer That jene Einsicht besafsen. Offenbar aber ist jenes Kriterium ein ungemein schwankendes, schwer bestimmbares; nicht selten werden spätere Regungen des Gewissens und die Furcht vor Strafe mit der Einsicht in die der Gemeinschaft wesentliche Bedeutung der Handlung verwechselt. Und unter allen Umständen bedarf doch der halbwüchsige, sittlich verwahrloste und deshalb der Einsicht in die Natur seines Handelns entbehrende Verbrecher zum mindesten ebenso dringend der Erziehung als der einsichtigere, weniger Verwahrloste. Die Zwangserziehung — und nur sie — ist hier am Platz, nicht die Kriminalstrafe, welche das Kind brandmarkt und unerzogen, ja vielleicht ganz verdorben nach abgelaufener Strafzeit der Gesellschaft zurückgiebt. Dazu der Embarras des öffentlichen Strafverfahrens mit seinen schädlichen Einflüssen auf das jugendliche Gemüt. Ich nenne es empörend, wenn ein Knabe von 14 Jahren, der durch Übersteigen über einen Zaun aus einem Stall einige Kohlblätter für seine Kaninchen gestohlen hat, vor die Strafkammer, das Fünfmännerkollegium, in öffentlicher Sitzung gestellt und dort wegen dieses kindischen Streichs des schweren Diebstahls angeklagt und vielleicht zu Gefängnis verurteilt wird. — Die Art des Strafvollzugs kann uns über das keineswegs trösten. An ausreichenden Gefängnissen, welche lediglich der eigenartigen Aufgabe der Zucht jugendlicher Verbrecher gewidmet und mit Rücksicht auf sie angelegt, organisiert, verwaltet sind, fehlt es gröfstenteils[11]. Also wundere man sich nicht über die Erfolglosigkeit unseres Strafensystems. Wir haben sie selbst verschuldet. In der That, wir sind auf halbem Wege stehen geblieben.

Die nächste Aufgabe mufs sein, aus diesem Zustand der Unwahrheit, Halbheit und des Widerspruchs herauszukommen. Das Gebäude ist im Dachstuhl angefangen und das Fundament fehlt. Mit gewaltigen Kosten, unter grofsem Aufwand von Personal und Kraft sind grofse wohl organisierte Anstalten geschaffen. Aber unser gesetzliches Strafensystem ist leere Attrape geblieben, unsere kleinen Anstalten, welche die Masse der Sträflinge und die Anfänger aufnehmen, sind gründlich vernachlässigt, die jugendlichen Übelthäter falsch behandelt.

So mache man nun das Strafensystem zur Wahrheit: gebe der Zuchthausstrafe den ihr zukommenden Charakter der eigentlichen Verbrechensstrafe, welche ihre Stätte vornehmlich hat, wenn die That aus gemeiner, ehrloser Gesinnung hervorgegangen ist: man mache sie wieder zu der entehrenden Verbrechensstrafe und scheide sie dadurch scharf nicht nur von der Festungshaft, sondern auch von dem Gefängnis[12]. Ich weifs wohl, dafs neuerdings, besonders in Kreisen von Strafanstaltsbeamten, die Neigung zur Vereinfachung des Strafensystems und Einschränkung der Ehrenstrafen stark hervortritt[13]. Und das ist die begreifliche Frucht unseres bisherigen Zustandes und des dem Anstaltsbeamten vor allem andren naheliegenden Standpunktes einer Specialprävention, die kein anderes Objekt kennt als den Verbrecher, keine andere Aufgabe, als ihn abzuschrecken, zu bessern oder unschädlich zu machen. Da mag man erwägen, ob Ehrenminderung für diesen Zweck nützlich sei. Aber das Volk fordert vom Strafgesetze mehr und anderes: die Aufrechterhaltung der Heiligkeit des Gesetzes, die Wahrung des öffentlichen Gewissens, das gerechte Werturteil über die That. Es fordert mit Recht, dafs die ehrlose, gemeine Handlung in entehrender Strafe ihre Vergeltung empfange und nicht der ehrlose Wicht, der gemeine und eingewurzelte alte Gewohnheitsverbrecher mit dem aus besseren Motiven Handelnden auf die gleiche Stufe gestellt werde. Im Ehrgefühl des Volks und auch des Verbrechers schützen wir eine der stärksten sittlichen Triebfedern. — Mit diesem Postulat entehrender Zuchthausstrafe zum Unterschiede des Gefängnisses ist zugleich eine tiefgehende, hier nicht weiter zu entwickelnde Umgestaltung beider Strafarten und ihrer Verwendung im Strafgesetz gefordert und die Ansicht abgelehnt, welche beide Strafarten verschmelzen oder nur durch die Zeitdauer unterscheiden will. Folgerichtig ist der Strafvollzug von Zuchthaus und Gefängnis durchaus verschieden zu gestalten und örtlich zu trennen. In der Art und Einrichtung der Anstalt und Zellen, in der Kleidung und Beköstigung, der Anrede, der Arbeitsart und vielleicht auch der Arbeitsdauer, in Bezug auf die disciplinare Behandlung, die etwaigen zu gewährenden Vergünstigungen müssen durchgreifende Unterschiede angestrebt werden. Es ist nicht zuzugeben, dafs das nicht mit gutem Erfolge und ohne Gefährdung der Gesundheit und Arbeitsfähigkeit der Sträflinge möglich sei [14].

Aber wie dem auch sei, überall werden wir eine Entwickelung unserer Anstaltseinrichtungen fordern müssen, welche hinreichende Beaufsichtigung, sorgfältigere Isolierung bei kurzer und Klassifizierung bei längerer Strafdauer gewährt und die Beschäftigungslosigkeit der Gefangenen gänzlich beseitigt. Die „einfache Freiheitsentziehung" ohne Arbeit mufs fallen; man mag unterscheiden den Zwang zu den in der Anstalt eingeführten und dem Sträfling zugewiesenen Arbeiten von einer mit der custodia honesta oder leichteren Freiheitsstrafe in gewissen Grenzen verbundenen freien Wahl der Beschäftigungsart. Aber in allen Strafanstalten mufs, sofern es der Gesundheitszustand gestattet, gearbeitet werden. Endlich ist die Zwangserziehung als die für die jugendlichen Verbrecher allein angemessene Form der Behandlung durchzuführen.

Solche und ähnliche Wünsche drängen sich jedem auf, welcher unserer Strafrechtspflege und ihren Ergebnissen verständnisvolle Teilnahme widmet. Doch nicht eine derartige folgerichtige Fortbildung des Strafensystems soll den eigentlichen Gegenstand dieser Zeilen bilden. Sie sind den radikalen Reformprojekten gewidmet, welche in neuester Zeit die Gemüter bewegen. Es ist notwendig, sie in dem Zusammenhang zu betrachten, welchen leitende Persönlichkeiten ihnen gegeben haben. Damit wird sich die Prüfung des Einzelnen auf den ihm zukommenden selbständigen Wert naturgemäfs verbinden.

Man sagt: wir sind nicht nur auf halbem Wege stehen geblieben, wir sind auf falschem Wege. Man rügt es als einen verhängnisvollen Irrtum, der Freiheitsstrafe den breiten Boden einzuräumen, welchen sie einnimmt. Man wirft uns vor, dafs wir einem falschen unerreichbaren Gerechtigkeitsideal nachjagen. Die Formel lautet: wir strafen das Verbrechen, nicht den Verbrecher, mit dem allein man doch vernünftigerweise zu thun habe. Der Angriff setzt, wie bereits früher bemerkt wurde, bei der kurzzeitigen Freiheitsstrafe ein und verbreitet sich von da aus gegen die richterliche Strafzumessung. Professor von Liszt hat aus diesen Gedanken ein System von Vorschlägen entwickelt, welches in folgenden vier Hauptstücken sich zusammenfassen läfst: 1. die kurzzeitige Freiheitsstrafe wird beseitigt; ihr Mindestbetrag wird auf sechs Wochen erhöht; 2. in den meisten Übertretungsfällen ist allein zu drohen die wesentlich zu reformierende Geldstrafe, die wiederum im Falle der Uneinbringlichkeit durch Arbeitszwang (Abverdienen) ohne Einsperrung vertreten wird; 3. die sogenannte bedingte Verurteilung ist das heilsame Hülfsmittel zur Einschränkung der Freiheitsstrafe; 4. die richterliche wird durch eine exekutivische Strafzumessung ersetzt[15].

Wir haben dankbar das grofse Verdienst anzuerkennen, welches in dem energischen Betonen der vorhandenen Übelstände, dem Suchen nach Abhülfe und dem lebhaften Anregen einer eindringenden Diskussion derartiger Reformgedanken liegt. Aber weder diese wohlverdiente Anerkennung noch die schnell bereite Zustimmung der beweglichen öffentlichen Meinung überhebt uns der sorgsamen Kritik. Der Ernst der Sache fordert sie. Wir wollen nicht eng in den Bahnen des Herkömmlichen wandeln. Aber wir wollen es dem Neuen nicht aus Neuerungssucht oder aus Scheu vor dem Vorwurf der Engherzigkeit opfern.

Die kurzzeitige Freiheitsstrafe.

Die kurzzeitige Freiheitsstrafe beherrscht unsere Strafrechtspflege. Jeder Praktiker weifs das und die Statistik beweist es[16]. Die kurzzeitige Freiheitsstrafe aber ist in ihrer jetzigen Gestalt, in der Form der „einfachen Freiheitsentziehung" vollzogen in Gemeinschaftshaft, ohne genügende Aufsicht und Arbeit, wertlos, ja schädlich; sie schreckt nicht ab, sie bessert nicht, sie verdirbt[17]. Für den Verwahrlosten, vom Verbrechergift bereits Ergriffenen bleibt sie ohne jeden nachhaltigen Eindruck und wird ihm daher leicht zur Versuchung. Den Unbescholtenen dagegen kann sie — zumal bei der gerügten Ausgleichung der verschiedenen Freiheitsstrafarten in der Wirklichkeit und in der Vorstellung des Volkes — übermäfsig hart treffen, indem sie ihm das Brandmal des Sträflings aufdrückt, dadurch sein Ehrgefühl untergräbt, ihn den üblen Einflüssen der Verbrechergesellschaft aussetzt, ihn in seiner Berufsstellung empfindlich schädigt und so auf die Bahn des Verbrechens drängt.

Was folgt daraus? Die Abschaffung der kurzzeitigen Freiheitsstrafe? So meinen viele; ja, es scheint fast, als wolle sich diese Ansicht zu einem unerschütterlichen Dogma verdichten. Aber die Schlufsfolgerung ist offenbar übereilt. Sie will das Kind mit dem Bade ausschütten. — In der That folgt doch aus den berührten Übelständen zunächst nur, dafs wir uns zu bemühen haben, einerseits der kurzzeitigen Freiheitsstrafe die zweckentsprechende Gestalt zu geben und andererseits sie dort, wo sie nicht am Platze ist, durch andere Strafmittel beziehentlich Veränderung unserer Strafdrohungen zu ersetzen. Man mag der Geldstrafe und dem Verweis ein weiteres Feld anweisen. Es mag sich empfehlen, in vielen Übertretungsfällen die Haftstrafe ganz zu beseitigen, wenn es gelingt, im Fall der Uneinbringlichkeit der Geldstrafe den Arbeitszwang ohne Einsperrung durchzuführen.

Wir haben uns zu sehr gewöhnt, die Freiheitsstrafe als die eigentliche, womöglich überall verwendbare Strafe anzusehen, und durch den verschwenderischen Gebrauch der kurzzeitigen Freiheitsstrafe nicht geringen Schaden gestiftet. Aber man würde den Teufel durch Beelzebub austreiben, wollte man nun dort, wo schon die kürzeste Freiheitsstrafe schwer wiegt und doch dieselbe durch andere Mittel sich nicht ersetzen läfst, das Minimum dieser Strafe, wie vorgeschlagen, auf 6 Wochen erhöhen. Und das wäre vollends unerträglich, wenn sich damit eine exekutivische Strafzumessung der Art verbände, dafs überhaupt nie zu einer sechswöchentlichen Strafe verurteilt, vielmehr der Verurteilte einem Strafvollzug auf sechs Wochen bis zu zwei Jahren überwiesen würde. Man sucht freilich hierüber mit dem Hinweis auf das dritte vorgeschlagene Mittel: die „bedingte Verurteilung" zu beruhigen, weil ja das erste Urteil beim Neuling des Verbrechens durch Strafaufschub unvollstreckt bleiben werde, falls er sich gut führe, im anderen Falle dagegen die energische Strafe am Platze sei. Aber dieses Mittel selbst, wie sich zeigen wird, ist sehr problematischer Natur.

Die Kurzzeitigkeit der Freiheitsstrafe ist an und für sich betrachtet kein Mangel, sondern ein Vorzug. Das sollte man sich klar machen. Allerdings kann die auf Tage oder Wochen bemessene Freiheitsstrafe nicht „erziehen", nicht bessern und nur schwierig mit einem eindrucksvollen Arbeitszwang verbunden werden. Dennoch wird sie genügen, wenn sie ein ausreichendes Strafübel darstellt. Denn das zu sein, ist das Wesen der Strafe. Die Aufgabe ist, mit einem Mindestmaſs des Kraftverbrauchs und der Existenzgefährdung die unseren sittlichen Anschauungen entsprechende erforderliche Energie des Strafübels zu verbinden und zugleich Formen desselben zu suchen, die sich der Verschiedenartigkeit der Straffälle genügend anzupassen vermögen. Je kurzzeitiger die Freiheitsstrafe ist, desto leichter wird es sein, sie in völliger Isolierung zu vollziehen, zugleich mit der Gefahr der Kontagion die Gefahren für die Berufsstellung des Sträflings und seine Ehre zu vermeiden, eine Form zu finden, die auch ohne nachdrücklichen Arbeitszwang kräftig genug ist. Denn Kurzzeitigkeit bedingt, auch bei unseren geläuterten humanitären Anschauungen, keineswegs notwendig Strafschwäche. Das beweisen die militärischen Arreststrafen. Sie geben uns ein gutes Vorbild reichlicher Energie und Variabilität. Der strenge, auf vierundzwanzig Stunden oder wenige Tage beschränkte Dunkelarrest mit harter Lagerstatt, Wasser und Brot wird dort, wo die heute beliebten leichten Formen der womöglich in Gemeinschaft und ohne Arbeitszwang vollzogenen Freiheitsentziehungen nur anlockend wirken können, den kräftigen Denkzettel applizieren, vor dessen Wiederholung man sich ernstlich scheut[18]. Bei frechen, rohen Burschen, Dieben, Körperverletzern, Hausfriedensbrechern, solchen, welche der Obrigkeit Widerstand leisten, und ähnlichen Verbrechern kann nach Art der Person und Lage der Sache diese Strafe höchst angebracht sein. Die Mannigfaltigkeit der Arreststrafen gestattet ferner die Anpassung dort, wo bereits das Seelenleiden der Verurteilung und Freiheitsentziehung in milderer Form Strafe genug ist. Unser bisheriges Strafensystem krankt am Schematismus, an dem ungenügenden Einfluſs des urteilenden Gerichts auf die Intensität der Strafe. Dem kann nur dadurch abgeholfen werden, daſs nicht die Wahl nur zwischen (vielleicht nur scheinbar) verschiedenen Freiheitsstrafarten, sondern zwischen verschiedenen Vollzugsarten derselben eröffnet wird.

Wir dürfen es hiernach noch als eine offene Frage behandeln, ob die kurzzeitige Freiheitsstrafe schlechtweg über Bord zu werfen ist. Einstweilen ist nicht die Möglichkeit, geschweige denn die Notwendigkeit bewiesen.

Die bedingte Verurteilung.

Nicht die Schwäche, sondern das Übermafs der Härte der kurzzeitigen Freiheitsstrafen bildet das Motiv des anderen oben berührten Reformvorschlags: der sogenannten bedingten Verurteilung, des Strafaufschubs (condamnation conditionnelle, sursis à l'exécution de la peine, conditional liberty, probation system oder wie es sonst genannt werden mag). Der Gedanke ist jung, wenn auch Anklänge an ihn und Spuren sich in früherer Zeit finden [19]. Von Massachusets bezw. Boston ausgehend, hat er in der alten Welt erst seit dem Jahre 1887 Wurzel geschlagen. In England hat ihn ein Gesetz vom 8. August 1888: The probation of the first offenders act aufgenommen [20], in Belgien ist er durch ein Gesetz vom 31. Mai 1888 zur Geltung gekommen [21]. Man hat ihm Raum gegeben in den Ausschufsentwürfen des französischen [22] und des österreichischen Strafgesetzbuchs [23]. Man wirbt für ihn auf Kongressen und in der Presse. Die internationale kriminalistische Vereinigung hat sich im vorigen Sommer in Brüssel vorbehaltlos für die bedingte Verurteilung ausgesprochen. Sie hat dieses Votum in ihrer deutschen Gruppe neuerdings in Halle wiederum bekräftigt. Der internationale Gefängniskongrefs wird sich im Laufe dieses Jahres in Petersburg mit der Frage beschäftigen. Sie ist auf der Tagesordnung des deutschen Juristentages. Einen energischen Widerspruch hat man anfänglich kaum vernommen, so dafs Professor von Liszt aussprechen konnte, manchmal habe ihm dieser Sieg ohne Kampf schier unheimlich werden wollen und er hätte wohl ab und zu etwas dafür gegeben, dafs auch die Gegner sich zum Worte meldeten [24]. Und was dann später folgte, waren Stimmen der Tagespresse oder wurde abvotiert [25]. Kurz, es hat den Anschein, als wolle diese bedingte Verurteilung die Welt erobern. „Es kann sich", resümiert Professor von Liszt, „da die mit der bedingten Verurteilung verbundenen Vorteile aufser allem Zweifel stehen, nicht darum handeln, ob, sondern nur darum, wie sie in das deutsche Recht aufgenommen werden soll."

Ihr Wesen wird durch diesen Namen der bedingten Verurteilung nicht richtig bezeichnet. Weder in der ursprünglichen Gestalt, welche die Institution im Mutterland zeigt, noch in der, welche man ihr auf dem europäischen Kontinent gegeben hat, ist sie „bedingte Verurteilung". Dort wird, wie ich noch zu zeigen haben werde, überhaupt nicht verurteilt, hier wird nicht bedingt, sondern unbedingt verurteilt. Das Wort Strafaufschub bezeichnet die Sache treffender. Sie besteht in der Befugnis des erkennenden Gerichts, die verdiente erste kürzere oder doch solche erste wegen Verbrechen oder Vergehen verdiente Freiheitsstrafe auf gewisse Zeit probeweise auszusetzen, um abzuwarten, ob sich der Delinquent bewährt oder von neuem verfehlt. Geschieht ersteres, so wird er straffrei, letzteres, so trifft ihn die alte mit der neuen Strafe. Das ist bedingter Straferlaſs, eine Art Gnadenakt, aber nicht bedingte Verurteilung.

Man verspricht sich sehr viel davon: den Besserungsfähigen soll die ernste ihm durch die Verurteilung zu teil gewordene Mahnung und — um in einem bis zum Überdruſs in den Verhandlungen des Gegenstandes gebrauchten Bilde zu bleiben — die Vorstellung des über seinem Haupte schwebenden Damoklesschwertes von weiterer Übelthat zurückhalten und zugleich das Aussetzen des Strafvollzugs vor sittlichem und wirtschaftlichem Verderb bewahren. Besteht er die Probe nicht, dann sorgt die Häufung der Strafen für die nachdrückliche, nunmehr verdiente Reprimande.

Die edle Gesinnung, welcher der Vorschlag entspringt, gewinnt uns. Es leuchtet uns aus ihm ein Strahl warmer Menschenliebe entgegen. Aber wenn irgendwo darf hier das Herz nicht den Kopf regieren. M. Adolphe Prins, der belgische Vorkämpfer des Strafaufschubs, sagte auf dem Brüsseler Kongreſs: „notre œuvre est avant tout une œuvre de pratique et de bon sens". So will das Werk auch rein sachlich mit unserm gesunden Menschenverstand auf seine Brauchbarkeit geprüft sein.

Wir fragen zunächst: hat sich diese Erfindung irgendwo bewährt? Man verweist uns auf Boston. M. Adolphe Prins erklärte nach dem authentischen Bericht über die Beratungen der internationalen kriminalistischen Vereinigung in Brüssel am 7. August: „in Belgien habe man zwar noch keine praktischen Erfahrungen über die Zweckmäſsigkeit der bedingten Verurteilung sammeln können; solche

Erfahrungen lägen aber in Nordamerika und insbesondere in Boston bereits vor, woselbst eine im Prinzip der belgischen entsprechende Einrichtung schon seit 1878 bestehe" („l'organisme diffère, mais le principe est le même"). — — „Nach der in Boston von 1879 bis 1883 geführten Statistik sind von 2803 on probation verurteilten (?) Personen nur 44 rückfällig geworden." Auf dem Kongrefs hat diese Darstellung keinen Widerspruch erfahren. — Ich bedauere, ihr durchweg widersprechen zu müssen. Denn erstens ist es unrichtig, dafs der belgische Strafaufschub und das nordamerikanische Probation System prinzipiell gleich seien und zweitens sind die Zahlenangaben ungenau. Nach anderweiten und jedenfalls zuverlässigeren Mitteilungen sollen allerdings in Boston 1879 bis 1883 probeweise 2803 Personen in Freiheit belassen, aber von diesen 223 nachträglich zur Bestrafung eingeliefert worden sein, während die von M. Adolphe Prins erwähnten 44 davongelaufen sind[26]. Die späteren Reports zeigen ähnliche Zahlenverhältnisse. Der Report für den Bostoner Distrikt Roxbury vom Jahre 1888 giebt an, dafs von 329 während der zwölf Monate des vergangenen Jahres auf Probe Gestellten 46 sich nicht bewährten und abgeurteilt wurden; nach dem Report von Suffolk County sind von 809 während des Jahres 1887 probeweise auf freiem Fufs Belassenen 31 zur Aburteilung eingeliefert worden, während 12 sich dem entzogen haben. Der Agent für South Boston berichtet für die gleiche Zeit: an 95 Prozent der im letzten Jahre (1887) meiner Obhut unterstellten Personen haben gut gethan und sind vom Gericht für straffrei erklärt[27]. Immerhin sind diese Ergebnisse glänzend und wir dürfen dem Secretary of the Massachusets Commissioners of Prisons glauben, wenn er sagt: „the success of the (adult) probation work is unquestionable". Es würde also die gerügte kleine Zahlenungenauigkeit wenig bedeuten, wenn die andere Behauptung wahr wäre, dafs es sich hier um prinzipiell gleiche Dinge handle. In der That sind das amerikanische und das belgische System von Grund aus verschieden.

Das in Boston ausgebildete Probation System ist das von allem Formalismus freie Mittel einer unter polizeilicher Aufsicht sich vollziehenden Zwangserziehung[28]. Ursprünglich war es nur für Jugendliche bestimmt; seit 1880 ist es zufolge der guten Erfahrungen auf Erwachsene ausgedehnt worden. Diese Wesenseigentümlichkeit äufsert sich in allen Stücken: so schon darin, dafs nicht — wie unzutreffend M. Adolphe Prins in Brüssel sagte — eine „condamnation conditionnelle: condemnation on probation", sondern überhaupt keine Aburteilung der der Vergünstigung wert erachteten Personen stattfindet[29]. Der äufsere Hergang ist folgender: der zur Wahrung des Gesetzeszweckes angestellte Probation Officer, von welchem es heifst:

> he shall in the execution of his official duties have the powers of Police officers and may be a member of the police force of his city or town,

stellt bei dem Gericht den Antrag, die angeschuldigte Person auf Probe zu stellen (to place him upon Probation). Der Gerichtshof kann dem in der Form entsprechen, dafs der Thäter ohne Aburteilung für eine dem Gerichtshof angemessen erscheinende, übrigens prolongierbare Zeit unter der Aufsicht des Probation Officer auf freiem Fuſs belassen wird. Entspricht die Führung während derselben nicht den gehegten Erwartungen, so wird der Prüfling dem Gericht zur Aburteilung oder sonst einer gesetzlichen Anordnung überliefert; andernfalls wird er nach Ablauf der Probezeit für straffrei erklärt. — Die Fälle, in welchen das Probeverfahren in Anwendung kommt, sind hauptsächlich Übertretungen oder geringfügige Vergehen: Trunkfälligkeit, Prostitution, geringe Friedbrüche, grober Unfug, Entheiligung des Sonntags, einfache Diebstähle, Anfall von Personen u. dergl. Nicht daſs der Prüfling bisher makellos gewesen, wohl aber, daſs die Hoffnung, ihn zu retten, begründet erscheint, bildet die Voraussetzung der Probe. Auf Trinker und Prostituierte wird sie hauptsächlich angewendet. Nach dem Report für South Boston vom Jahre 1888 waren unter 244 on probation Gestellten 137 wegen Trunkenheit, 25 wegen Angriffs gegen die Person, 18 wegen einfachen Diebstahls, 13 wegen Friedensstörung verhaftet. Tallack bemerkt, daſs manche dieser Straffälle die Zeichen altpuritanischer Strenge an sich tragen; so seien Personen verhaftet, weil sie am Sonntag Ball gespielt oder sich am Kartenspiel beteiligt hatten. Der Probation Officer hat sich, bevor er die Probe beantragt, gewissenhaft durch Erkundigung über die Persönlichkeit, ihre Vergangenheit, ihre Verhältnisse davon zu überzeugen, daſs dem öffentlichen Interesse und dem des Angeklagten durch das Aussetzen des Urteils am besten gedient sei. Wenn nun dieses erfolgt, dann fällt auf ihn die von seiner Polizeimacht unterstützte Fürsorge für den Prüfling. Mancherlei Mittel werden angewendet. Obenan steht der Kampf gegen die Völlerei. Die Verpflichtung zur Enthaltung von allem Alkohol spielt dabei eine bedeutsame Rolle. Im Jahre 1887 nahmen in South Boston von den 244 Prüflingen 230, in Suffolk County von 809 immerhin 306 die Mäfsigkeitspflicht (teatotal pledge) auf sich, und wenn das auch in manchen Fällen nur nominell sein mag, so ist in zahlreichen anderen die Wirkung günstig. Der Probation Officer und die ihn unterstützenden Personen lassen es sich angelegen sein, ihre Schützlinge regelmäfsig zu besuchen. Der Report für South Boston spricht von nahezu 2000 Besuchen bei den erwähnten 244 Prüflingen. Man sorgt für ihr Unterkommen und ihre Arbeit, sucht zumal die Prostitution wirksam zu bekämpfen, indem man die Beziehungen zur Familie wieder herstellt. Kurz und gut: man stellt nicht nur auf Probe, sondern man stützt und trägt den Schwachen, soweit man kann, um ihm auf den rechten Weg zu helfen, und wartet nicht die Begehung neuer Verbrechen ab als Beweis des Mifserfolgs, sondern findet diesen in schlechtem Lebenswandel.

Schon in England hat dieses System der Zwangserziehung auf freiem Fufs eine nicht unerhebliche formalistische Abschwächung erfahren. Doch bleibt es noch bei der Aussetzung der Aburteilung in Rücksicht auf die Jugend, den Charakter, die Vergangenheit des Delinquenten, die Geringfügigkeit des Delikts und die begleitenden Umstände, die Aussicht auf gute Führung. Das Ganze behält eine polizeilich erzieherische Tendenz. Das Delikt darf nicht mit einer höheren als zweijährigen Einsperrung bedroht sein, und die Einlieferung zur Aburteilung erfolgt, wenn sich der Prüfling schlecht führt[30].

Auf dem europäischen Kontinent hat in dem belgischen Gesetz vom 31. Mai 1888 das System seinen Charakter völlig verändert. Der Geist ist entflohen und die leere Formel ist übriggeblieben. Aus der Aussetzung der Aburteilung ist — und zwar unter warmer Befürwortung — eine Aussetzung des Strafvollzugs geworden; der Probation Officer ist verschwunden, materielle Kriterien für den Strafaufschub kennt das Gesetz nicht; von irgend welcher Fürsorge für den Prüfling während der Probezeit ist keine Rede; er ist ganz sich selbst überlassen; die Probe ist nicht dann mifslungen, wenn der ihr Unterstellte sich schlechtem, wüstem Lebenswandel hingiebt, ja noch nicht, wenn er strafbare Handlungen begeht, sondern erst dann, wenn er sich eines Verbrechens oder Vergehens schuldig macht. Der verurteilende Richter läfst nach freiem Ermessen den erstmalig wegen crime oder délit zu einer Freiheitsstrafe bis zu sechs Monaten Verurteilten für eine fünf Jahre nicht überschreitende Frist auf freiem Fufs, mit der Wirkung, dafs, wenn innerhalb dieser Zeit nicht eine neue Verurteilung wegen eines crime oder délit erfolgt, die Straffreiheit eintritt, andernfalls die alte mit der neuen Strafe zu verbüfsen ist.

Die gleiche, nur äufserlich etwas abgewandelte Schablone hat der französische Ausschufsentwurf eines Strafgesetzbuchs aufgenommen. Der österreichische Ausschufsentwurf zeichnet sich dadurch vorteilhaft aus, dafs er einige materielle Voraussetzungen des Strafaufschubs aufstellt: der Fall soll rücksichtswürdig, der Wohnsitz der Person festgestellt sein. — Man wird hiernach wohl ohne Sträuben zugeben, dafs die Verteidiger dieses formalistischen Systems des Strafaufschubs — und gerade dieses wird uns angesonnen — kein Recht haben, sich auf die Erfahrungen in Boston zu berufen. Wir haben es mit einem Experiment zu thun, dessen Erfolg völlig ungewifs ist. Die Kritik ist auf die Logik und die Fühlung mit der Volksseele angewiesen.

Mein erster Einwurf richtet sich gegen die Motivierung des Experiments. Sie scheint mir unklar und ungenügend. Man weist auf die Schädlichkeit und Härte der kurzzeitigen Freiheitsstrafe, auf das dringende und nicht zu bestreitende Reformbedürfnis hin. Aber dasselbe mag die Änderung des Strafgesetzes, die grössere Wahlfreiheit zwischen Geld- und Freiheitsstrafe, eine erweiterte Anwendung des Verweises, die Verbesserung des Strafvollzugs, eine Reform in der Behandlung der Jugendlichen begründen, aber nimmer die bedingte Straffreiheit. Zudem ist diese ja keineswegs dazu bestimmt, nur bei Verurteilung zur kurzzeitigen Freiheitsstrafe angewendet zu werden, wie andererseits letztere — das wird noch näher klar zu legen sein — keineswegs regelmäfsig durch sie vermieden werden kann. Überhaupt wird das negative Moment, die Notwendigkeit, Bestehendes zu ändern oder zu beseitigen, niemals eine hinlängliche Rechtfertigung dessen sein können, was an die Stelle treten soll. Man könnte sonst leicht aus dem Regen in die Traufe kommen. Wir fragen also billig nach den empfehlenden positiven Vorzügen des vorgeschlagenen Mittels. Diese sollen in seiner gleichmäfsig schonenden, bändigenden und erziehenden Kraft liegen [31].

Gewifs kann Schonung zur rechten Zeit und in der rechten Art erretten. Aber ist das die rechte Zeit, wenn bereits im öffentlichen Strafverfahren die Person als Verbrecher verurteilt ist? Haftet ihr nicht damit bereits das Brandmal an, welches sie von der selbstgerechten Gesellschaft der Makellosen scheidet? Man ist gar zu leicht über den Gegensatz des Urteilsaufschubs und des Strafaufschubs hinweggeglitten, ja hat diesen meines Erachtens ohne tieferen Grund vor jenem gepriesen. Der Urteilsaufschub ist in der Terminologie der Strafverfolgungslehre eine Anwendung des Opportunitätsprinzips: der Staat kann, muſs aber nicht das Verbrechen verfolgen. Wir haben in unserem Strafrecht freilich als Ausnahmen charakterisierte Anwendungen desselben. Der Einwurf: „unserer deutschen Rechtsanschauung würde es gewiſs widersprechen, eine Freiheit und Ehre immerhin tief genug schädigende Maſsregel" — nämlich das Stellen on probation — „gegen den Angeschuldigten eintreten zu lassen, ohne daſs die Begehung der strafbaren Handlung urteilsmäſsig feststeht", scheint mir doktrinär; denn einmal ist von Schädigung der Freiheit beim Strafaufschub des belgischen Rechts überhaupt nicht, nach amerikanischem System doch nur sehr cum grano salis die Rede, und dann versteht es sich ja von selbst, daſs der leugnende Angeschuldigte die Vergünstigung von sich weisen und die Aburteilung fordern kann. Dann freilich darf er sich nicht wundern, wenn sie vollstreckt wird. Der Aufschub der urteilsmäſsig feststehenden Strafe nach belgischem System ist, wie mich bedünken will, nicht Schonen zur rechten Zeit und in der rechten Art. Ich kann darin von erzieherischer Kraft nichts entdecken. Man hat, wie erwähnt, in der kontinentalen Schablone der sogenannten bedingten Verurteilung

Die bedingte Verurteilung. 31

geflissentlich alle disciplinaren Elemente getilgt. Dem zart, gewissenhaft empfindenden, reuigen Verbrecher wird dieses Aufschieben des Strafvollzugs, das Verfangenbleiben in der Hand der Justiz an Stelle des sofortigen Abbüfsens, dem ein neues Leben folgen könnte, vielleicht zur nutzlosen Pein[32]. Der harten Sünderseele macht es das Strafurteil zum Spott. Dem leicht Verführbaren aber schwindet der Schrecken der Verurteilung und ihres drohenden Vollzugs — das leidige „Damoklesschwert" — vor der Wirkungslosigkeit des Urteils, vor neuer Versuchung und vor der Hoffnung, unentdeckt zu bleiben, wie der Schnee vor der Frühlingssonne. — Und ist denn das „Bestehen" der Probe ein wirklicher Beweis derjenigen Sinnesänderung, welche man durch die erzieherische Kraft des Strafaufschubs zu erreichen hofft? Wir sahen bereits: die belgische Schablone gestattet dem Prüfling jedwede Lumperei, selbst strafbare Handlungen, wenn er sie in den bescheidenen Grenzen der „contraventions" zu halten weifs. Beaufsichtigt wird das Individuum nicht. Also mags auch wohl schwerere Übelthaten ohne Nachteil für seinen Strafaufschub begehen, vorausgesetzt, dafs es sich nicht erwischen läfst. Jedenfalls kann nach geübter Zurückhaltung leichtlich der nunmehr Straffreie uns durch neue Verbrechen überraschen. Irgendwelche Garantie der Besserung bietet uns das belgische System nicht. — Endlich frage ich: ist es wahr, dafs das Begehen einer neuen strafbaren Handlung (crime oder délit) innerhalb der Probezeit die nachträgliche Ableistung der alten, ausgesetzten Strafe innerlich rechtfertigt? Das wäre doch nur dann der Fall, wenn das neue Delikt aus derselben verbrecherischen Gesinnung hervorgegangen sein sollte. Die alte und die neue Strafthat können ohne jeden derartigen psychischen Zusammenhang sein. Welchen Sinn hat es, denjenigen, welcher wegen Diebstahls bedingt verurteilt wurde und von nun ab fremdes Vermögen heilig gehalten hat und ein Muster der Redlichkeit wurde, die alte Strafe nachträglich verbüſsen zu lassen, weil er in unbewachtem Augenblick fahrlässig tötete oder durch nachlässiges Behandeln von Feuer und Licht Brand in seinem Haus entzündete oder etwa gereizt vorsätzlich eine Körperverletzung beging oder zum Zweikampf herausforderte?

Der Unklarheit und Unreife des schöpferischen Gedankens entspricht die Verschwommenheit der Anwendungskriterien des Experiments. Welche sind die rücksichtswürdigen Fälle [33]?

Es soll eine Umkehr erzielt, der Verbrecher abgehalten werden, auf der betretenen Bahn abwärts zu gleiten. Gut! Also ist die bedingte Verurteilung zweifellos unanwendbar, wo nach der Persönlichkeit des Delinquenten oder der Art des Delikts oder der Strafe überhaupt kein Rückfall und kein Verderb durch die Strafe zu befürchten steht, wie schwer auch immer die Strafe auf dem Thäter lasten mag. Demzufolge werden gerade die Unbescholtenen, die wahrhaft Reuigen, welche einer schwerlich wiederkehrenden Versuchung unterlegen sind, der Wohlthat des Strafaufschubs nicht teilhaftig werden. Man denke an Fahrlässigkeitsdelikte, Zweikampf, gelegentliche Beleidigung, Körperverletzung, durch ganz eigenartige Lage veranlaſste Verbrechen. Hier wäre die bedingte Verurteilung gleichwertig mit dem Satze: „einmal ist keinmal".

Der Strafaufschub soll vor socialem Verderb, der Brandmarkung, dem Verlust der Berufsstellung, kurz und gut vor den Existenz gefährdenden Nachteilen der ersten ernsteren Freiheitsstrafe schützen. Also ist er unanwendbar auch dort, wo, gleichviel ob neues Verbrechen zu erwarten steht oder nicht, die Freiheitsstrafe keinerlei unverhältnismäfsige Einwirkung auf die sociale Stellung und das Fortkommen ausüben wird, sei es, dafs die Strafe als custodia honesta in den Augen der Mitmenschen nicht brandmarkt, sei es, dafs die Strafe eine Person trifft, deren gute oder schlechte wirtschaftliche Lage durch sie nicht verschlechtert wird. Was sollte der Strafaufschub bedeuten bei einem solchen Betrüger, Wucherer, Bankerottunterstützer, Urkundenfälscher?

Unanwendbar ist das Experiment ferner dort, wo grundsätzliche Überzeugung die Quelle der That wurde: ich denke an politische Verbrecher. Und unanwendbar dort, wo unser Rechtsgefühl, das Volksbewufstsein gebieterisch die Bestrafung fordert[34]. Wann geschieht das? In den Beratungen des Brüsseler Kongresses und auch anderweit ist auf die Rücksicht hingewiesen, welche wir dem Verletzten, seinem Rachegefühl schulden. Man hat daher auch wohl davon gesprochen, dafs der Strafaufschub von der Zustimmung des Verletzten abhängig zu machen sei. Ich müfste das entschieden ablehnen; denn — sofern nicht die Gründe des Antragsrechts zutreffen — dürfen wir unser Strafrecht nicht dadurch verfälschen, dafs wir individuellen Einflüssen, Interessen und Leidenschaften in ihm Raum geben. Aber ebenso entschieden ist das Argument zurückzuweisen: „das Volk müsse die Überzeugung erlangen, dafs die Strafe nicht Rache, dafs ihr Zweck vielmehr Verhütung zukünftiger Verbrechen sei". Die Rache als die elementare, mafslose Äufserung des Gerechtigkeitsgefühls erhebt ihr Haupt gerade dann, wenn die gesetzliche, geregelte, mafsvolle, objektive Schuldvergeltung unterbleibt. Was wird der Beleidigte, der Geschlagene, der Beraubte, der Vater des verführten oder entführten Kindes, der, dessen Ehre durch Ehebruch befleckt wurde, der durch Amtsmifsbrauch schmählich Geschädigte thun, wenn man seinem Ruf nach Gerechtigkeit und Bestrafung antwortet: „unterdrücke diese unlautere Empfindung; der Mann wird voraussichtlich Ähnliches nicht wieder begehen, also fehlt es am Zwecke der Strafe!"

Unanwendbar bleibt endlich die „bedingte Verurteilung" bei allen den Personen, welchen nicht zuzutrauen ist, dafs sie aus eigener Kraft — denn auf sie werden sie nach belgischem Systeme gestellt — die Probe erfolgreich bestehen, neuen Versuchungen erfolgreich widerstehen werden: bei allen Bescholtenen, Verwahrlosten, vom Laster oder Verbrechergift bereits Infizierten. Überall also, wo der Probation officer den Aufschub beantragt, weil er hoffen darf, mit seiner und anderer Hülfe den leicht Verführbaren, den schon tief Gefallenen vor gänzlichem Untergang durch diesen Versuch zu retten, müssen wir nach belgischem System den Aufschub versagen: denn wir bieten keine stützende, rettende Hand.

Was bleibt nun übrig? Wann ist der Strafaufschub am Platz? Wer giebt die Antwort? Wer scheidet die Schafe von den Böcken? Der allwissende Richter in seinem allweisen Ermessen[35]! Auf dieses werden wir vertröstet und zwar vertröstet von denen, die diesem selben Richter jedwede Fähigkeit zur befriedigenden Strafzumessung, zur richtigen Beurteilung der Persönlichkeit des Verbrechers absprechen und um deswillen zu dem Vorschlag der indeterminate sentences — von dem alsbald zu reden sein wird — gelangen. Und lassen wir auch den handgreiflichen Widerspruch auf sich beruhen, immer bleibt, was man uns ansinnt, ein Sprung ins Dunkle. „Je vais chercher un grand peutêtre" sagte der sterbende Rabelais. Was wird der Richter mit der in seine Hand gelegten, bisher unerhörten Gnadengewalt thun? Die Ungewifsheit des Erfolgs ist um so gröfser, je vager, allgemeiner, schablonenhafter das Gesetz ist. Was es als Möglichkeit hinstellt, wird der geschickte Verteidiger als Recht fordern. Nicht nach Willkür, pflichtgemäfs im Geiste des Gesetzes soll verfahren werden. Die Verteidigung wird sich bemühen, ihren Klienten dem Richter als besserungsfähig und besserungsbedürftig, die Strafe als höchst verderblich, den bedingten Straferlafs als das allein Heilsame und Richtige darzustellen. Giebt der Richter nach und macht zur Regel, was Ausnahme sein sollte, — und das steht sicher zu erwarten, wenn der jetzt gegen die kurzzeitige Freiheitsstrafe eröffnete Feldzug nach von Liszts Vorschlag mit deren Beseitigung enden sollte —, dann wird das Experiment die verderblichste Provokation zum Verbrechen und ein Hohn auf die Justiz werden. Scheut aber der Richter davor zurück, übt er seine Gnadengewalt nur ganz ausnahmsweise, dann ist die Neuerung im günstigsten Fall von verschwindendem Nutzen und die grofse auf sie gesetzte Hoffnung eitel. Entsteht aber ein halt- und zielloses Schwanken, vielleicht eine von ganz verschiedenen Motiven geleitete Praxis, gar eine Begünstigung der besser situierten Klassen, dann ist die Ungleichheit vor dem Gesetz, die Willkür Regel und die Rechtspflege in höchster Gefahr.

Aber wie dem auch sei, das belgische Experiment kann meines Erachtens nur schädlich wirken. Ich eigene mir einstweilen die grundsätzliche Stellung der Gegner an, fasse also die Aufgabe des Strafrechts nur socialpolitisch. — Von diesem Standpunkt aus betrachtet kennzeichnet sich die beabsichtigte Neuerung als ein Akt reiner Specialprävention. Es handelt sich um die Rettung des einzelnen und zwar in höchst eigentümlichem Sinn: der Staat will den Verbrecher vor weiteren Verbrechen bewahren, dadurch dafs er ihn mit der von ihm selbst als verderblich bezeichneten Strafe verschont. Nehmen wir einmal an, dieses seltsame Experiment hätte wirklich bei einzelnen guten Erfolg, wie wird es auf die übrigen wirken? Es wird die Achtung vor dem Gesetz, die Vorstellung, dafs dieses ernsthaft gemeint sei und dem Verbrecher als notwendige Folge die gerechte Strafe drohe, erschüttern, den Rechtssinn und damit die ganze Rechtsordnung untergraben. So wird um der Specialprävention willen die Generalprävention hintenangesetzt. Das ist der Grundfehler vieler moderner Bestrebungen auf diesem Gebiet. Er ist zu nicht geringem Teil dadurch verschuldet, dafs es vorzüglich mit dem Gefängniswesen praktisch oder theoretisch beschäftigte Männer sind, die an der Reform unseres Strafensystems arbeiten. Naturgemäfs ist ihr Blick auf den Verurteilten, auf den Sträfling, seine Abschreckung,

Besserung oder Unschädlichmachung gerichtet; das Ganze wird darüber vergessen. Aber unendlich viel wichtiger ist es, dafs gestraft wird, als in welcher Form gestraft wird. Auf dieses Wie hat die Menschheit in ihrer Unvollkommenheit unserer tieferen Einsicht sehr verkehrt erscheinende Antworten gegeben; und dennoch konnte sie und der Staat dabei bestehen. Wird die Unvollkommenheit aufhören? Werden wir das Ideal erreichen? Heilsamer als alle Fürsorge für den Sträfling, seine Rettung oder Abschreckung bleibt die Erhaltung der Heiligkeit des Gesetzes, des Rechtssinns; denn nur durch ihn leben wir.

Diese kritische Betrachtung führt mich zu dem Schlufs: soll überhaupt der Versuch eines Strafaufschubs gemacht werden, so darf er nicht in der schablonenhaften, formalistischen Weise des belgischen Gesetzes geschehen. Nur mit grofser Vorsicht darf hier vorgegangen werden. Man mag bei jugendlichen Delinquenten, wie man es in Boston unternommen, den Anfang machen. Aber auch bei ihnen nur, wenn man das amerikanische Vorbild wohl organisierter Schutzvorkehrungen befolgt: das öffentliche Strafverfahren vermeidet, vor der Verurteilung die Probe versucht, sie verbindet mit einer Unterwerfung unter eine polizeiliche, durch gute Kräfte der Gesellschaft unterstützte Zwangserziehung. Das ist die zunächst allein annehmbare Form. Im übrigen lege man ernsthaft Hand an die Reform unserer kurzzeitigen Freiheitsstrafe statt sie über Bord zu werfen. Dabei kann ein gutes Ergebnis nicht ausbleiben.

Die unbestimmte Verurteilung.

Krönen soll das Werk der radikalen Reform unseres Freiheitsstrafensystems die unbestimmte Verurteilung (indefinite oder indeterminate sentences): der Ersatz der richterlichen Strafzumessung durch die exekutivische, durch das Ermessen einer Strafvollzugsbehörde.

Der Gedanke duldet einen sehr verschiedenartigen Ausbau. In strengster Folgerichtigkeit entwickelt, führt er zur zeitlich unbestimmten Androhung der Freiheitsstrafe; nur ihre Art wird im Gesetz normiert; das Strafvollzugsgesetz legt dann in die Hand einer in ihm organisierten Strafvollzugsbehörde die Entscheidung, ob die Strafe bis zur äufsersten gesetzlichen Zeitdauer der Strafart fortgesetzt oder der Sträfling früher entlassen werden soll. Eine abgeschwächte Form bleibt bei einem zeitlich begrenzten Strafrahmen stehen, läfst das Gericht das Schuldig sprechen und bei etwaiger alternativer Strafdrohung die Strafart bestimmen, die Strafvollzugsbehörde dagegen bemifst innerhalb des Strafrahmens die Dauer der Strafe. Der

Unterschied ist nicht nur ein quantitativer; denn die erstere Form benimmt nicht nur dem urteilenden Gericht, sondern auch zum Teil dem Gesetzgeber die Möglichkeit, die Strafgröfse zu normieren. Die abgeschwächte Form hat man in Amerika angewendet und uns neuestens empfohlen. Professor von Liszt schlägt Staffeln von 6 Wochen bis 2 Jahren Gefängnis, 2 bis 5 Jahren, 5 bis 10 Jahren und 10 bis 15 Jahren Zuchthaus vor. Das System hat einen durchaus disciplinaren und polizeilichen Charakter. Es ist ein Zuchtsystem, am nächsten verwandt der Zwangserziehung oder dem Zwangsarbeitshaus des deutschen Strafgesetzbuchs §§ 55, 56 und 362. Die sogenannte bedingte Entlassung (ticket of leave), welche man mit der unbestimmten Verurteilung hat auf gleiche Stufe stellen wollen, ist weniger ihr als dem Strafaufschub zu vergleichen.

Allerdings entscheidet auch bei der bedingten Entlassung die Strafvollzugsbehörde mit Rücksicht auf die Führung des Sträflings über die Strafdauer. Aber sie darf dieselbe nur — und zwar nur bedingt, unter der Bedingung weiterer guter Führung — kürzen, nicht verlängern. Und das ist nicht nur ein Gegensatz der Form, des Ausdrucks, sondern des Prinzips. Wir würden das Begnadigungsrecht des Monarchen nicht in der Form und folgerichtig umgestalten, sondern es im innersten Kern verderben, wenn wir es zum Strafschärfungsrecht erweitern wollten. Die Institution der bedingten Entlassung und die der unbestimmten Verurteilung haben einen anderen Geist. Diese Neuerung wäre — wir dürfen darüber keine Täuschung aufkommen lassen — der grundsätzliche Umsturz unserer bisherigen Strafrechtspflege. Darauf ist es abgesehen. Die Begründung des Experimentes muſs jeden etwa noch vorhandenen Zweifel beseitigen.

Man greift die bisherige Strafrechtspflege und -lehren grundsätzlich an. Man sagt: wir seien auf falschem Wege, jagten einem unwahren und unerreichbaren Gerechtigkeitsideal nach: der gerechten Vergeltung. Diesen alten Irrtum gelte es auszurotten. Man habe sich auf den Boden der Thatsachen zu stellen, den vernunftmäſsigen praktischen Zweck der Strafe richtig zu würdigen. Den Verbrecher, nicht das Verbrechen, gelte es zu strafen. Mit jenem Menschen von Fleisch und Bein habe man es zu thun, von ihm hoffe und fürchte man, vor ihm sei die Gesellschaft zu schützen. Es sei widersinnig, ihn derselben aus der Haft zurückzugeben, solange er ihr gefährlich sei[36]. „The character of the offender, not the character of the offence should determine the duration of the imprisonment"[37]. Wer aber vermag hier das richtige Maſs und Mittel zu bestimmen? Nicht der mit der Person des Verbrechers unbekannte Richter, sondern der ihn beobachtende Strafvollzugsbeamte. Die richterliche Strafzumessung sei Willkür und Unwahrheit, ein Trugbild der vergeltenden Gerechtigkeit, ja ein Taschenspielerkunststück, bei welchem der Künstler sich nicht einmal bemühe, die andächtigen Zuhörer zu täuschen[38]. Daher entscheide die Strafvollzugsbehörde über die Strafdauer. Damit werde zugleich all der Zwiespalt, welcher jetzt zwischen der Vorstellung des strafzumessenden Richters und dem Strafvollzug besteht, mit einem Schlage beseitigt.

So ist der alte Kampf der relativen und absoluten

Strafrechtstheorie erneuert und zwar in einer ganz veränderten, viel ernsteren Gestalt. Er steigt hernieder aus der Sphäre des reinen Denkens und wissenschaftlicher Spekulation auf die Erde, zu den Niederungen des Lebens und will mit dem Mute der vollen Konsequenz ausgefochten sein. Die Anhänger des eudämonistischen Präventionsgedankens glauben sich im Besitz der starken Waffen praktischer, sociologischer, anthropologischer Gründe und halten ihre Gegner eigentlich schon für halb überwunden.

Ich habe nicht die Absicht, in den Prinzipienstreit einzutreten. Es würde wenig fruchten. Ich stelle mich auf den nüchternen Boden der unbestreitbaren Thatsachen. Denn hat die Gerechtigkeitstheorie überhaupt Wahrheit, so mufs sie sich auf ihm bewähren.

Der gegnerische Angriff trifft in der richterlichen Strafzumessung einen schwachen Punkt. Aber er schiefst über das Ziel hinaus.

Es ist wahr, die richterliche Strafzumessung ist zum guten Teil Willkür, Laune, Zufall. Das ist öffentliches Geheimnis, jedem schmerzliche Erfahrungsthatsache, der in der Strafrechtspraxis thätig geworden ist. Es kann auch nicht anders sein. Was beginnen wir mit fünfmal dreihundertfünfundsechzig Strafeinheiten, wie sie uns das deutsche Diebstahlsgesetz (St.-G.-B. § 242) darbietet? Ob der Angeklagte zu sechs oder fünf oder vier Wochen oder zwei Monaten Gefängnis verurteilt wird, das hängt mehr von der zufälligen Zusammensetzung des Kollegiums, den subjektiven Anschauungen und Anregungen des Richters, seinem Geblüt und seiner Verdauung als von der Schwere des Verbrechens ab. Wer von uns trägt den festen Mafsstab der Gleichung zwischen diesem und der Strafe im Busen? Dazu tritt der oben ausführlich erörterte Übelstand der Unwahrheit und Unklarheit unseres Strafensystems. Zwischen Strafurteil und Strafvollzug ist keine Brücke. Der Richter verfügt über Strafgröfsen, deren wahrer Wert ihm unbekannt ist.

Das alles ist unbestreitbar. Aber das Erste und Wichtigste ist hier, wie überall, die Aufgabe richtig zu stellen. Die unsere ist nie und nimmer die moralische Vergeltung. Nur Gott wägt auf der Wage der ewigen Gerechtigkeit die sittliche Schuld des Verbrechers, sein Streben und Fallen, seine Bufse und Reuethränen, die Mitschuld der Seinen und der Gesellschaft. Nur er hebt und lindert die Strafe nach seiner unendlichen Barmherzigkeit. Unser Werk ist ein äufserlich, weltlich Ding. Die Rechtsstrafe ist unabhängig von Bufse und Besserung, von äufserer und innerer Sühne. Sittliche und rechtliche Schuld, Sünde und Verbrechen, moralische und rechtliche Vergeltung sind verschiedene, getrennten Lebenskreisen angehörige Begriffe. Moral und Recht sind derselben Wurzel entstammende Zwillingsbäume, unter deren Krone das Menschengeschlecht sich entwickeln soll. Wir strafen die staatszweckwidrige Handlung, den schuldhaften Angriff auf die äufseren Lebensgüter und Interessen der Gemeinschaft, unabhängig von Gesinnung und Motiv, und niemals strafen wir nur die Gesinnung, das Wollen, die verbrecherische Neigung.

Aus all dem folgt unweigerlich, dafs der Rechtsstrafe, wie allem Recht, etwas Äufserliches, Formales anhaftet. Die Strafe vollzieht sich nur an äufseren Gütern; ihre Generalisierung macht es unmöglich, den individuellen Verhältnissen Rechnung zu tragen. Und doch wird sie dadurch nicht ungerecht.

Niemand, auch der Verbrecher nicht, trägt den festen Maſsstab der Gleichung zwischen Verbrechen und Strafe im Busen. Mögen wir dem Dieb für den ersten einfachen Diebstahl zwei oder drei oder vier Wochen oder zwei Monate Gefängnis zusprechen, er wird uns vielleicht hart, aber nicht ungerecht schelten. Denn er ist gerichtet nach dem Gesetz und nach bestem Wissen und Gewissen. Die Ungerechtigkeit beginnt erst bei deutlichem Miſsverhältnis zwischen Schuld und Strafe oder bei der handgreiflich ungleichen Behandlung gleicher Fälle. Unser Strafurteil nimmt teil an der Unvollkommenheit, die allem Menschenwerk, also auch allem Recht anhaftet. Aber es ist getragen von dem, was unser Menschenwerk adelt und in seiner höchsten Vollendung dem Göttlichen annähert: von der Idee des Guten, dem Streben nach der Verwirklichung der vergeltenden Gerechtigkeit. Unsere Aufgabe wird sein, die Schwächen und Mängel zu mildern. Dazu werden wir einen wichtigen Schritt gethan haben, wenn die Strafarten selbst zu bekannten, festen, sich wahrhaft, nicht nur dem Namen nach, unterscheidenden Gröſsen entwickelt und dadurch Strafurteil und Strafvollzug in den notwendigen inneren Zusammenhang gesetzt sein werden. Und noch ein anderes Mittel des Fortschritts bietet sich dar: eine durchgreifende Änderung unserer legislativen Technik. Wir sind mit unseren zu unbestimmten Strafdrohungen und dem System der „mildernden Umstände" auf Abwege geraten. Es sind Normalstrafrahmen zu suchen, welche nach oben und nach unten sich erweitern unter gleichzeitiger exemplifizierender, dem Richter die nötigen Fingerzeige bietender Angabe von mildernden und schärfenden Gründen.

Wie ich den Schluſs aus der Unvollkommenheit der jetzigen Form der kurzzeitigen Freiheitsstrafe auf die Notwendigkeit ihrer Beseitigung zurückweisen muſste, so habe ich, und zwar meines Erachtens mit noch gröſserem Recht, den Schluſs aus der Unvollkommenheit der richterlichen Strafzumessung auf deren Verwerflichkeit abzuweisen. Es wird sich also fragen, ob die anderen für die exekutivische Strafzumessung beigebrachten Gründe durchschlagen.

Der Grund- und Eckstein des Reformplans ist der Satz: nicht das Verbrechen, sondern der Verbrecher sei zu bestrafen. Man könnte sich versucht sehen, ihn eine leere Phrase zu nennen. Denn niemals hat man die Handlung, sondern immer nur den Handelnden um seiner Handlung willen bestraft, um dieser Handlung willen, in welcher sich gröſsere oder geringere Rechtsfeindlichkeit, die stärkere oder schwächere Intensität des bösen Willens, also die Persönlichkeit ausprägt. Aber hinter jener Phrase birgt sich der ganze unversöhnliche Gegensatz einer lediglich auf die Zweckmäſsigkeit abgestellten Zuchtidee und der „orthodoxen", für ein schlechtes Inventarstück einer alten ideologischen Erbschaft erklärten Gerechtigkeitstheorie. Meine obigen Andeutungen haben das zur Genüge gezeigt.

Ich lehne wiederholt den Prinzipienstreit ab und stelle die praktische Seite der Sache in den Vordergrund. Wir sind bislang, in den paar tausend Jahren, in welchen die Kulturwelt mit einem Strafrecht operiert, welches auf der richterlichen Strafzumessung ruht, so leidlich ausgekommen.

Wir haben zwar das Verbrechen nicht aus der Welt geschafft, aber die Menschheit hat desunerachtet unbehindert fortschreiten können. Denn sie hat immer zwischen gut und böse unterschieden, und die Gesetze des Guten sind es gewesen, welche sie als ihre Lebensgesetze anerkannt hat. Dabei hat man es als ein wichtiges Stück des Rechtsstaates anzusehen gelernt, dafs jedem nach dem Gesetz durch unabhängige, nur an das Gesetz gewiesene Richter und nicht durch Verwaltungsbehörden und nach deren subjektivem Ermessen Recht gesprochen werde. Wenn das jetzt anders werden soll, dann trifft billig diejenigen, welche so tiefgreifende Neuerungen vertreten, die Beweislast für die Heilsamkeit ihres Vorschlags.

Er ist ein Experiment nicht minder wie die sogenannte bedingte Verurteilung. Auch hier beruft man sich auf amerikanische Erfahrungen. Wir wollen sie uns genauer ansehen. Im Jahre 1871 unternahm man im Staate New York das Wagnis der indeterminate sentences. Die Strafanstalt zu Elmira (State industrial Reformatory) wurde dazu bestimmt und ist seit 1877 (Gesetz vom 24. April 1877) unter der Leitung des nach dem allgemeinen Urteil ausgezeichneten Anstaltsdirigenten (General Superintendent) Mr. Z. R. Brockway im Betrieb. Es folgte Massachusets mit seinem Reformatory zu Concord (Gesetz vom 24. Juni 1886). Für Pennsylvania wurde für das Indeterminate-System eine Anstalt in Huntington, für Ohio in Mansfield errichtet. Die Staaten von Minnesota, Michigan, Jowa beschäftigen sich mit seiner Einführung[39]. Wenn auch von vornherein diese zunehmende Verbreitung zur Empfehlung dienen mag, so haben wir doch nicht zu vergessen, dafs

— das hohe, auf die Gefängnisreform in Amerika gerichtete Streben vieler trefflicher Männer in allen Ehren — die amerikanischen Gefängniszustände nichts weniger als mustergültig sind[40] und die dortigen Verhältnisse von den unsrigen so sehr abweichen, dafs jede Übertragung schärfster kritischer Prüfung unterzogen werden mufs.

Die gesetzliche Grundlage des Elmira-Systems ist folgende: dasselbe ist bestimmt nicht für Gewohnheitsverbrecher, sondern für Männer von 16—30 Jahren, welche zum erstenmal eines Verbrechens überwiesen werden und bei welchen man auf Besserung hofft. Elmira nimmt nur schwere Verbrecher auf (felony or other crime), Einbrecher, Räuber, Totschläger und dergleichen. Das Gericht verurteilt sie statt zu gewöhnlichem Gefängnis zur Inhaftierung im Reformatory, ohne irgend eine Zeitdauer zu fixieren (Gesetz vom 24. April 1877, chapt. 173 § 2). Die Grenze der Haft setzen die Managers of the Reformatory, welche den Verurteilten bis zum Maximum der für sein Verbrechen gedrohten Strafdauer, jedoch nicht länger, in der Anstalt zurückhalten dürfen. Die vorherige Entlassung kann eine unbedingte (without parole, absolute release) oder eine bedingte, probeweise (on parole) sein, erfolgt aber regelmäfsig in letzterer Form. Reglementmäfsig wird kein Züchtling vor Ablauf von zwölf Monaten entlassen. Der Anstaltsvorstand (board of managers) hat das Recht, nicht in das Reformatory passende Sträflinge in andere Gefängnisse zu überweisen. Die Meinung ist die, dafs in jenes nur solche kommen sollen, von denen man sich Besserung verspricht[41].

Das Ganze gleicht mehr einer Zwangserziehungsanstalt, als einem Gefängnis. Mr. Brockway sagt selbst: „The true ideal is that of an industrial school in which the young men are criminals and the training compulsory[42]."

Nach dem Bericht über die ersten sechs Jahre der Anstalt waren 60,4 Prozent aller Insassen unter 20 Jahren und 28,7 Prozent im Alter von 20 bis 25 Jahren. Kraft ihrer reglementarischen Befugnis hat die Anstaltsverwaltung die Insassen in drei Klassen geteilt, von denen die zweite (second or intermediate grade) zunächst alle neu Eintretenden aufnimmt. Die dritte Klasse ist Strafklasse, in welche man nur aus ganz besonderen Gründen versetzt wird. Sechsmonatliche gute, nach dem Markensystem berechnete Führung und Leistung bringt in die bevorzugte erste Klasse[43]. Diese wird von gegen 40 Prozent nach Ablauf von sechs Monaten erreicht. Nur ein kleiner Bruchteil bringt es überhaupt nicht zu ihr. Die Klassen unterscheiden sich durch die Kleidung, Ausstattung der Zellen, auch wohl die dritte und zweite durch die Reichlichkeit der Kost und mancherlei andere Dinge. Das Regulativ giebt für die Sträflinge erster Klasse folgende Vorschrift: „sie sind gekleidet in eine nette blaue Uniform mit einer Marinekappe, haben bessere Zellen, speisen an Tischen in der grofsen Speisehalle und haben das Privileg der Konversation während der Mahlzeit. Sie erhalten beim Dinner eine kurze Darstellung der laufenden Neuigkeiten, geliefert von einem auserwählten Sträfling. Ihre Zellen — viele von ihnen sind mit Sprungfederbetten ausgestattet — sind gröfser als die Räume der anderen Klassen, und es wird gestattet, dafs zwei einen Raum bewohnen" u. s. w.⁴⁴. Die Arbeitszeit erstreckt sich von 7 Uhr 30 vormittags bis 4 Uhr 30 nachmittags, mit Ausnahme der Mittagsstunde. Dann folgt abermals eine Mahlzeit, und die Abendstunden werden je nachdem mit Schule oder Lesen, Schreiben, Konzerten und Vorlesungen ausgefüllt⁴⁵. Die Arbeitsgegenstände sind ebenso mannigfaltig wie der Unterricht. Man betreibt u. a. Kunsthandwerk, arbeitet in Terrakotta, enkaustisch, man modelliert, zeichnet nach der Natur, bossiert, fertigt Porträts in gehämmertem Kupfer und dergleichen⁴⁶. Der Unterricht verbreitet sich in aufsteigender Folge vom Elementaren zur Geschichte, Arithmetik, physikalischen Geographie, Nationalökonomie, Politik, Rechtskunde, Philosophie⁴⁷. Man giebt allsonntäglich im Gefängnis eine für die Sträflinge bestimmte Zeitung (summary) heraus. Eine reiche Bibliothek steht zur Verfügung, welche aufser historischen, socialwissenschaftlichen, naturgeschichtlichen und anderen belehrenden Werken bester Schriftsteller (standard works) eine alle Bedürfnisse der Sträflinge nach Zerstreuung vollkommen befriedigende Auswahl von Romanen und Novellen von Bulwer, Cooper, Dickens, Thackeray, Jules Verne, Eugène Sue, Auerbach, der Mühlbach, den amerikanischen Novellisten und anderen Schriftstellern enthält. Ich führe als Beispiel an, dafs ein zweiundzwanzigjähriger Sträfling in der Zeit vom August 1881 bis zum Oktober 1882 39 Werke gelesen hat, darunter Romane, wie Eugene Aram, Zanoni, Ernest Maltravers, Devereux von Bulwer, the Headsman, Precaution, Spy von Cooper, Rattlin the Reefer von Marryat. Es wird uns unter diesen Umständen nicht mehr überraschen, dafs die Gefangenen sich in dieser Anstalt bei nicht allzugrofsen Ansprüchen im allgemeinen wohl befinden und gut führen. Mr. Tallack, der hochverdiente Sekretär der Howard Association, teilt uns den Brief eines Sträflings von Elmira mit, an kaltem Schneetag des Januar 1888 verfafst, in welchem der Schreiber sich mitleidig über die elenden, von der Anstalt aus sichtbaren Wohnstätten äufsert, in denen schlecht gekleidete und schlecht genährte Kinder und Frauen, unbeschäftigte oder müde Männer in der Kälte hocken, Menschen, deren Los von dem der Gefangenen grell absticht. Er fügt hinzu: „Hier, im Gefängnis, ist die Stunde des Dinner; von der grofsen Speisehalle steigt auf der labende Duft guter Speisen und das Gesumme belebter Stimmen, von kicherndem Gelächter unterbrochen. Die Speise ist heifs und in reichlicher Fülle; die Zimmer sind durch Dampf erwärmt, und ist der kurze Tag vorbei, so bestrahlt das elektrische Licht die Dinge für den langen Abend; lang, aber nicht traurig, denn für Bücher ist reichlich gesorgt." Der gefangene Schreiber fragt teilnehmend im Hinblick auf solchen Kontrast: „ist Gottseligkeit einträglich?" Aber er giebt zu, dafs trotz alledem die Freiheit ihre Reize habe[48]. — Begreiflich, dafs die Anstalt überfüllt ist und sich die Zahl der Insassen von 516 am 30. September 1882 auf 800 gehoben hat. Begreiflich auch, dafs manche der Entlassenen freiwillig zurückkehren. Und doch sollen nach verbürgten Mitteilungen in Elmira in neuerer Zeit zwei Mordthaten vorgekommen sein und die Züchtlinge durch die Prävalenz der Syphilis sich auszeichnen[49]. Wie schnell man in Elmira gute Resultate zu erzielen glaubt, beweist die Thatsache, daſs von den nach dem Report von 1888 seit dem Bestehen der Anstalt entlassenen 1722 Sträflingen nur 27 Prozent länger als zwei Jahre in ihr gehalten worden sind. Bemerkenswert ist noch die löbliche Fürsorge für die Unterbringung des Entlassenen und die Mühe, welche man sich giebt, seinen weiteren Lebensgang zu verfolgen.

Betreffs der zu Concord errichteten Anstalt bin ich auf die Mitteilungen beschränkt, welche Herr Amtsrichter Dr. Aschrott über seine dortigen Wahrnehmungen gemacht hat. Die Bevölkerung dieses Gefängnisses ist etwas gemischter als die von Elmira. Man nimmt Verbrecher bis zum Alter von 40 Jahren auf, und zwar ohne Unterschied, ob sie schon bestraft sind oder nicht, ob sie sich schwer oder leicht vergangen haben. Ist letzteres der Fall, so dauert der Aufenthalt höchstens zwei Jahre, sonst kann er sich bis zu fünf Jahren verlängern. Aschrott, welcher mit wohlwollenden Augen die amerikanischen Einrichtungen betrachtet hat, kann doch nicht umhin, zu konstatieren, daſs den Insassen von Concord „in mancher Richtung nicht zum Bewuſstsein komme, daſs sie eine Strafe verbüſsen". Sie dürfen sich ihre Zelle auf eigene Kosten ausschmücken, sie bilden — und auf diese Erfindung soll nach unseres Gewährsmanns Angabe Colonel Tufts, der Anstaltsdirektor, ganz besonders stolz sein — zur Zeit sechs Klubs, die an bestimmten Abenden Vergnügen veranstalten. Natürlich gehören zum Vorstand solcher Klubs nur Gefangene erster Klasse. Der Klub wählt durch Ballotage seine Mitglieder. An den Vergnügungsabenden erscheint man in hellen Kravatten, mit Nelken im Knopfloch, man deklamiert, singt, spielt, amüsiert sich vortrefflich. Anstaltsbeamte dürfen nur als Gäste teilnehmen.

Das alles ist in der Union ohne Anstofs möglich. Hören wir doch z. B. von Dr. F. H. Wines über das nach dem Zellensystem eingerichtete berühmte State prison in Philadelphia: „die Kost ist meist gesund und nahrhaft, bestehend aus gedämpftem Hammel, gebackenem Schwein und Bohnen, Gemüsesuppe, Sauerkraut und Schinken und Sonntags aus excellenter gebackener Rindspastete." — Es werden den Gefangenen alle Zeitungen erlaubt. Sie dürfen alle musikalischen Instrumente, mit Ausnahme von Horn und Trommel, spielen und machen jeden Abend von 6 bis 9 Uhr zum Schrecken durch ihr musikalisches Chaos. Sie haben eine Bibliothek von 10 000 Bänden. — Und derselbe gründlichste Kenner der amerikanischen Gefängnisse bemerkt: „die Nahrung in manchen Gefängnissen ist beunruhigend gut." In einem fand er, dafs zum Frühstück die Sträflinge Beefsteaks, heifse Biscuits, Butter und im allgemeinen eine Speisekarte hatten, welche einem Hotel Ehre gemacht hätte: zum Dinner öfters Pasteten nach einer reichlichen Folge anderer Speisen und eingemachte Früchte häufig zum Thee[50].

Die Howard Association hat das „Indeterminate System" verurteilt[51] und Mr. Tallack das Verdikt in seinem letzten Werk mit Entschiedenheit wiederholt[52]. Ich fürchte nicht, dafs jemand, der die Thatsachen kennt, uns im Ernst durch Hinweis auf dieses „Indeterminate System" für dasselbe gewinnen kann. Es ist denn auch der uns durch von Liszt gemachte Vorschlag nichts weniger als eine Nachahmung der amerikanischen Behandlung der Sache.

Unter Beiseitestellen der unverbesserlichen Gewohnheitsverbrecher, für welche Besonderes anzuordnen sein dürfte, soll ohne Rücksicht auf das Alter des Delinquenten und ohne Unterschied schwerer und leichter Delikte nicht nur ausnahmsweise wegen begründeter Hoffnung der baldigen Besserung, sondern durchweg „an die Stelle der richterlichen Strafzumessung die Verurteilung zu einer nur durch Höchst- und Mindestmaſs der Dauer bestimmten Freiheitsstrafe treten" [53]. Die vorgeschlagene Skala nannte ich schon. Das Strafvollzugsamt bemiſst die Strafdauer. Es soll kollegialisch besetzt werden durch den Anstaltsdirektor, den Staatsanwalt, den Untersuchungsrichter und zwei Vertrauensmänner, unter denen sich wohl Leiter von Schutzvereinen, Vertreter von Selbstverwaltungskörpern, Strafrechtslehrer zu befinden hätten. Die Herren würden sich durch persönlichen Verkehr mit den Sträflingen ihr Urteil bilden. von Liszt glaubt nicht, daſs sich „erhebliche Einwände" gegen solche Einrichtung erheben lieſsen. Ich kann die meinen nicht unterdrücken. Ob sie erheblich sind, mögen andere beurteilen.

Es muſs auch hier, wie bei der Besprechung des Probation Systems, darauf hingewiesen werden, daſs, was man auch immer gegen die amerikanischen Versuche der indeterminate sentences einzuwenden haben mag, dieselben den Vorzug eines gewissen praktischen, dem Formelhaften abgewendeten Vorgehens haben. Man unterwirft dem Zuchtsystem Neulinge des Verbrechens unter Auswahl der Persönlichkeiten. Bei uns soll die Sache sofort den formalistischen, schablonenhaften Charakter annehmen. Und welches ist das Ziel? Welche die gewünschte Wirkung, die zur Entlassung führen mufs? Innere Wiedergeburt, wahre Besserung? Gewifs ist sie ein Ziel aufs sehnlichste zu wünschen, aber vernünftigerweise nimmermehr als das regelmäfsige Ergebnis zu fordern. Die überschwenglichen Hoffnungen, welche wir auf die erziehende Kraft der Strafanstalt gesetzt haben, sind gescheitert. Der psychologische Irrtum der Besserungstheorie ist mit Händen zu greifen: der Zögling ein ausgewachsener, vielleicht schon hartgesottener Sünder, das Zuchtmittel Unfreiheit, welche den Willen bricht, nicht zur sittlichen Kraft entwickelt, zum inneren Schaden den äufseren Makel hinzufügt und damit die Bedingungen zukünftiger gesunder socialer Existenz nicht hebt, sondern zerstört, die Erziehungsmaschinerie geistesarme Einzelhaft oder ansteckende Gemeinschaftshaft, welche bei aller Anstrengung über ein Mindestmafs von Individualisierung und höherem sittlichen Einflufs nicht hinauskommt. Wer da noch bei anderen als den Gutartigen und Bufsfertigen eine innere Wandlung zum gesetzlichen Strafziel machen will, wird nicht sie, sondern die Frucht der Heuchelei und Täuschung, den völligen Bankerott seiner Bestrebungen ernten.

Das Ziel des Zuchtsystems kann also nur äufsere geordnete Führung, das geschuldete Mittelmafs des Wohlverhaltens und der Arbeit sein. Das aber kommt einem völligen Verzicht auf jede Garantie gegen den Rückfall gleich. Mit Leichtigkeit wird jenes Ziel erreicht werden und besonders dann, wenn die Sträflinge wissen, dafs davon das alsbaldige Ende ihrer Strafzeit abhängt. Es ist eine jedem erfahrenen Anstaltsbeamten bekannte Thatsache, dafs gerade die Gewohnheitsverbrecher sich am besten führen. Unter den Rückfälligen, den Stammgästen der Gefängnisse sind die stillsten, fleifsigsten, fügsamsten Seelen[54]. Die Aspiranten dieser Klasse haben also vor allem begründete Aussicht von der „unbestimmten Verurteilung" Nutzen zu ziehen. Der Segen, welcher der erprobten Institution der vorläufigen Entlassung (ticket of leave) innewohnt und durch gröfsere Verallgemeinerung und einige Reformen leicht noch völliger werden kann, würde durch die indeterminate sentences voraussichtlich zerstört und das Verhältnis zwischen Sträfling und Anstaltsbeamten vergiftet werden. Die bedingte Entlassung ist eine Kürzung der verdienten, im Urteil ausgesprochenen Strafe: der ausnahmsweise Lohn bekundeter vollkommener und nachhaltiger Besserung. Die Entlassungsziffer schwankt bei uns zwischen $1/2$ und $3^{1}/_{2}$ Prozent des Bestandes. Nach einstimmigem Urteil der Fachmänner wirkt dieses Mittel in der weisen Beschränkung günstig. Denn in der Hoffnung der Strafkürzung schafft es einen Sporn zur Besserung und in der Probezeit ein gutes Übergangsstadium zur Freiheit. — Ganz anders würde sich meines Erachtens die Sache bei exekutivischer Strafzumessung gestalten. Der unbestimmt, beispielsweise zu 2 bis 5 Jahren Verurteilte kann vor Ablauf des Strafminimums nicht entlassen werden. So wenigstens lautet, wenn ich recht verstehe, von Liszts Vorschlag[55]. In diesem Minimum aber wird der Sträfling seine eigentliche Strafe sehen; jedenfalls wird er hoffen, nach dessen Ablauf frei zu werden, und jede Verlängerung der Strafe der Anstaltsbehörde in die Schuhe schieben. Je länger je mehr wird er sich innerlich gegen sie aufbäumen. Er wird sich der

Willkür preisgegeben fühlen. Dafs er für schlechte Führung nicht nur die Disciplinarstrafe, sondern auch noch die verlängerte Kriminalstrafe erdulden soll, wird ihm eine schreiende Ungerechtigkeit erscheinen. — Der unvermeidliche Subjektivismus der entscheidenden Strafvollzugsbehörde wird dazu das Seinige thun. Wenn auch die sie bildenden externen Herren, der Herr Staatsanwalt, Untersuchungsrichter, Professor oder wer es sonst sei, pflichtmäfsig ab und zu die Anstalt besuchen — was hat das zu bedeuten? Lernen sie dadurch die Sträflinge beurteilen? Sie werden ausschliefslich durch die Brille der Anstaltsbeamten sehen. Ich will annehmen, dafs diese in Zukunft mit einer Sorgfalt vorgebildet und gewählt werden, welche uns ein vorzügliches Anstaltspersonal liefert[56]; immer wird es dabei bleiben, dafs die Persönlichkeit mit ihren subjektiven Maximen, ihrer gröfseren Neigung zur Strenge oder zur Milde, ihrer gröfseren oder geringeren Menschenkenntnis einen entscheidenden und sehr schwankenden Faktor bildet. Ich berufe mich auf von Jagemanns Zeugnis, wenn ich das einen Übelstand nenne. Er sagt: „ja, wer den Subjektivismus aus Erfahrung kennt, welcher bei getreuester Pflichterfüllung dennoch in allen behördlichen Instanzen von der Vorbereitung, Beurteilung und Vorbescheidung von Gesuchen um Gnade oder vorläufige Entlassung als Angelegenheiten des Ermessens ebenso untrennbar ist wie von der richterlichen Mafsbestimmung, wird sich gern auch in weiterem Umfange auf den festen Boden der gesetzlichen Selbststrafkürzung stellen"[57].

Aber die Willkür und Ungerechtigkeit — und das ist der schwerste Mangel des Systems — liegt in ihm selbst, unabhängig von allen solchen mehr zufälligen, wenn auch voraussichtlich noch so gewöhnlichen Erscheinungen, begründet. Das ganze System ist Willkür und Ungerechtigkeit. Denken wir uns Strafskalen von 6 Wochen bis 2 Jahren, 2 bis 5, 5 bis 10 Jahren, so wird der Verbrecher, welcher 6 Wochen Gefängnis verdient hat, härter behandelt als der, welcher das Fünfzehnfache verdiente. Beide können mit 6 Wochen entlassen werden, den einen aber kann ein Strafzuwachs von nahezu 2 Jahren treffen, den anderen höchstens ein solcher von einigen Wochen. Denn nach Ablauf zweier Jahre müssen beide entlassen werden, gleichviel ob sie gebessert sind oder nicht. Und jener Strafzuwachs ist nicht die Folge der verbrecherischen That, des Angriffs auf irgend welche dem Staate wesentlichen Güter, sondern der Nachlässigkeit in der Arbeit oder des Ungehorsams gegen den Herrn Anstaltsbeamten oder der schlechten Gesinnung des Sträflings.

Man hält den Gedanken der vergeltenden Gerechtigkeit für eine falsche, abgegriffene Münze und die, welche ihm anhängen, für Ideologen. Aber sie, nicht ihre Gegner, sind die Realpolitiker. Die Idee ist die machtvollste Thatsache. Sie ist die Kraft, welche eine Welt aus den Angeln hebt. Es bleibt dabei: „iustitia regnorum fundamentum", und bei dem Wort unseres gröfsten Weltweisen: „wenn die Gerechtigkeit untergeht, so hat es keinen Wert mehr, dafs Menschen auf Erden leben". Von dem, was gerecht und was ungerecht ist, trägt der Verbrecher ein sehr bestimmtes Gefühl im Herzen. Und darüber sind alle Praktiker einig: die erste und wichtigste Bedingung der Heilsamkeit aller Strafe ist, dafs sie als gerecht empfunden werde. Ich kenne kein System, welches dem mehr entgegen wirkt, als das der indeterminate sentences.

Gewiſs strafen wir um des Schutzes und der Sicherheit der Gesellschaft und des Staates willen, nicht in maiorem Dei gloriam, nicht weil irgend ein dialektischer oder sonstiger Beweis die Strafe um ihrer selbst willen rechtfertigt. Die Strafe ist im Dienste des Staatszweckes. Aber dieser Zweck liegt und erfüllt sich in der praktischen Bethätigung des öffentlichen Gewissens, in dem — nicht nur theoretisch miſsbilligenden, sondern praktisch vergeltenden — Werturteil über die Übelthat. Sie muſs übel wirken für den, welcher sie thut: das ist ewiges Lebensgesetz der ethischen und der Rechtsordnung. Wir verabscheuen Verbrechen nicht, weil wir sie strafen, sondern wir strafen sie, weil sie verabscheuenswürdig und nicht zu dulden sind. Und das auf dem Gebiete des Rechts, der äuſseren Handlung, nicht der Gesinnung. Alle Specialprävention, welche auf letztere die Strafe abstellt, verfälscht und verdirbt das Wesen der Rechtsstrafe und gerät daher notwendig auf Abwege. Hüten wir uns vor der Tyrannis, welche nicht die Handlung, sondern die Gesinnung straft, und vor dem Pharisäismus der nach Schutz rufenden Gesellschaft, die dem Staate unerträgliche Lasten aufbürdet, welche sie selbst mit keinem Finger berührt.

Der Staat soll strafend das Schwert der Gerechtigkeit führen, die Gesellschaft, der Mutterschoſs der Verbrechen, soll bessern, sich selbst bessern, den Gefallenen aufrichten und retten. Wie kläglich ist es noch immer damit bei uns bestellt. Welch kümmerliches und fruchtloses Dasein führen — von anderem abgesehen — in vielen Teilen Deutschlands die Vereine zum Schutz der entlassenen Sträflinge. Die Erfolge, welche in den anglikanischen Ländern im Kampf gegen das Verbrechertum erzielt worden sind, gehen zum grofsen Teil nicht von der Staatsmaschinerie, sondern von der Gesellschaft aus. Mit schablonenhaften Projekten moderner Experimental-Pönologie ist uns nicht gedient.

Die Übel, welche die Strafe schafft, verschwinden gegen die Quellen des Verbrechens, welche im socialen Leben fliefsen. Wir wollen unser fehlerhaftes Strafensystem, unseren schlecht entwickelten Strafvollzug nach Kräften verbessern und jeden als Freund und Wohlthäter auf das wärmste begrüfsen, der dazu hülfreiche Hand bietet. Aber all unsere Arbeit, den Verbrecher zu bessern, ist wurzellos und eitel, solange die Gesellschaft ihn als das corpus vile behandelt, an welchem zu experimentieren freisteht, solange sie den der Haft Entlassenen als Paria zurückstöfst und dem Elend preisgiebt.

Anmerkungen.

1) L. v. Ranke, Weltgeschichte IX 2 6 (Leipzig 1888): „Ein unbedingter Fortschritt, eine höchst entschiedene Steigerung ist anzunehmen, soweit wir die Geschichte verfolgen können, im Bereiche der materiellen Interessen, — in moralischer Hinsicht aber läfst sich der Fortschritt nicht verfolgen." S. 8: „In materiellen Dingen nehme ich einen Fortschritt an, weil hier eines aus dem anderen hervorgeht; anders in moralischer Beziehung. Ich glaube, dafs in jeder Generation die wirkliche moralische Gröfse der in jeder anderen gleich ist."

2) Es genügt, aus der Statistik des Deutschen Reichs einige Zahlen anzuführen. Die Zahl der Verurteilungen wegen Verbrechen und Vergehen gegen die Reichsgesetze zeigt von 1882 bis 1887 folgende Progression: 389 658; 400 064; 426 490; 441 245; 450 636; 454 700, die der Verurteilten: 329 968; 330 128; 345 977; 343 087; 353 000; 356 357. Im Jahre 1888 sank die Ziffer der Verurteilten auf 350 666. — Hierzu treten die Vergehen gegen die Landesgesetze und die Übertretungen. Zur Veranschaulichung der Gröfsen, mit denen wir es hier zu thun haben, die Bemerkung, dafs allein in Bayern im Jahre 1887 im ganzen — einschliefslich der Forstrügesachen (114 486) — 411 366 Personen zu Strafen verurteilt wurden.

3) Den Entwurf eines Gesetzes über die Vollstreckung der Freiheitsstrafen vom Jahre 1879 findet man, aufser in den Bundesratsdrucksachen, abgedruckt in den Blättern für Gefängniskunde, herausg. von G. Ekert, Bd. XIV, und in Krohne, Lehrbuch der Gefängniskunde, Stuttgart 1889, S. 553 ff. Er scheiterte nicht nur an finanziellen Bedenken — man berechnete einen Kapitalbedarf von etwa 70 000 000 Mark —, sondern auch an sachlichen und politischen Schwierigkeiten. Vgl. über ihn auch Handbuch des Gefängniswesens, herausg. von v. Holtzendorff und v. Jagemann, I 150 ff. (Hamburg 1888).

4) Das Verhältnis der Todesstrafe und der Festungshaft stellt sich nach der Reichsstatistik folgendermafsen: In den Jahren 1882 bis 1887 sank jene von 0,03 Prozent aller wegen Verbrechen oder Vergehen gegen die Reichsgesetze Verurteilten auf 0,02 Prozent, während die Anwendung der Festungshaft schwankt zwischen 0,02 bis 0,05 Prozent.

5) So in Preufsen in den Anstalten von Ziegenhain, Köln, Graudenz, Breslau, Wehlheiden, Lingen, Hameln, aufserhalb Preufsens in den freien Reichsstädten, in Vechta (Oldenburg), Wolfenbüttel (Braunschweig), Bruchsal (Baden), Heilbronn (Württemberg) u. a. m. Vgl. auch Krohne a. a. O. S. 225 Anm. 2.

6) v. Koblinski in der Zeitschrift für die gesamte Strafrechtswissenschaft IX 789 (1889).

7) A. a. O. S. 226.

8) Ähnliches gilt für Österreich. In der Beilage A, „Das System der Freiheitsstrafen", zu dem Entwurf eines neuen Strafgesetzes, 1874, Nr. 221 der Beil. zu den stenogr. Protok. des Abgeordnetenhauses, heifst es S. 64: „In Österreich hat der Verlauf der Zeit den so notwendigen äufseren Unterschied der Freiheitsstrafen zum gröfsten Teil verwischt. Nicht nur wird die Strafe des einfachen und schweren Kerkers in einer und derselben Strafanstalt vollzogen, sondern es ist auch die Kette, welche den Unterschied zwischen diesen beiden Straf-

arten wenigstens innerhalb der Mauern der Strafhäuser zur Anschauung brachte — infolge des Gesetzes vom 15. November 1867 — entfallen, ohne dafs ein gleichmäfsig in die Sinne fallender Unterschied an die Stelle getreten wäre. Ähnliches gilt von der Strafe des einfachen und des strengen Arrestes. Beide Strafarten wurden seit jeher in denselben Gefängnisräumen vollzogen, und das charakteristische Merkmal des einfachen Arrestes, dafs den hierzu Verurteilten, wenn sie sich den Unterhalt aus eigenen Mitteln oder durch Unterstützung ihrer Angehörigen zu verschaffen fähig sind, die Wahl ihrer Beschäftigung freisteht, ist beinahe gar nicht zum Ausdrucke gekommen, da bis in die letzte Zeit die Arreststräflinge in den gerichtlichen Arresten wegen Mangels an Arbeitsbestellungen, Unzulänglichkeit des Raumes und Gefangenenaufsichtspersonals entweder gar nicht oder nur höchst sporadisch zu einer Beschäftigung angehalten werden. Das Schlimmste aber ist, dafs infolge der Bestimmung des § 324 St.-P.-O., wonach Freiheitsstrafen, die nicht über ein Jahr zu dauern haben, bei dem Strafgerichte, welches das Urteil in erster Instanz erlassen hat, vollzogen werden können, gegenwärtig Kerker- und Arreststräflinge mit einer Strafzeit bis zu einem Jahre in den Gefängnissen des verurteilenden Gerichtshofs unter einem und demselben Dache angehalten werden, ohne dafs in der Behandlung dieser verschiedenen Kategorieen von Sträflingen nach aufsen hin irgend ein Unterschied hervortreten würde. Ja selbst im Innern ist ein solcher Unterschied höchstens dadurch markiert, dafs Arreststräflinge in anderen Gefängnistrakten und Zimmern verwahrt werden als Kerkersträflinge, und dafs die zu schwerem Kerker Verurteilten — — die gewöhnliche Sträflingskleidung — — zu tragen verpflichtet sind. Das Zusammenwerfen von vier verschiedenen Kategorieen von Sträflingen ist übrigens nicht allein auf die Gefangenhäuser der Gerichtshöfe erster Instanz beschränkt geblieben, sondern ist in den letzten Jahren auch auf die Gefängnisse der Bezirksgerichte ausgedehnt worden, indem man wegen der Überfüllung der Strafanstalten und Gerichtshofgefängnisse genötigt war, Kerkersträflinge, die zu nicht mehr als zu einem Jahr Kerker verurteilt waren, zur Abbüfsung ihrer Strafe in die Arreste der Bezirksgerichte zu verweisen. Leider ist diese Art des Vollzuges der Freiheitsstrafe nicht ohne bedenkliche Folgen geblieben. Das zunächst an die Beurteilung äufserer Erscheinungen angewiesene Publikum hat sich daran gewöhnt, Strafgefangene, die in einem und demselben Gefängnisse ihre Strafe abbüfsen und auch in der Verpflegung und sonstigen Behandlung einander scheinbar (?) gleichgehalten werden, auch in Bezug auf ihr Verschulden und ihre Strafbarkeit einander gleichzustellen. Eine Unterscheidung zwischen Übertretung, Vergehen und Verbrechen hat, soweit die dafür erkannte Strafe in einem gerichtlichen Gefängnisse abgebüfst wurde, zum grofsen Teil aufgehört — —. Es dürfte sonach nicht zu leugnen sein, dafs durch die geschilderte Verwischung aller äufseren und markanten Unterschiede zwischen den einzelnen Kategorieen von Freiheitsstrafen das Rechtsbewufstsein des Volkes erheblich verwirrt und geschädigt worden und dafs es zum Schutze der hierdurch gefährdeten Rechtsordnung dringend geboten sei, in das System der Freiheitsstrafen in Österreich solche Unterschiede einzuführen, die auch äufserlich hervortreten und sich der Wahrnehmung jedermanns sofort aufdringen."

9) v. Koblinski a. a. O. S. 791 bemerkt, dafs in der Provinz Sachsen 1885/86 in 60 von 117 Gerichtsgefängnissen nicht gearbeitet worden sei.

10) Krohne a. a. O. S. 168 ff.

11) Sachsen rühmt sich der beiden Anstalten von Grünhain und Sachsenburg. Für die Zwangserziehung besitzt es die Anstalten von Bräunsdorf und Grofshennersdorf. Über die Verhältnisse im übrigen Deutschland und die nachahmenswerten Zustände Englands vgl. Föhring im Handbuch des Gefängniswesens II 283 ff., 288 ff.

12) Vgl. auch von Liszt in der Zeitschrift f. d. ges.

Strafrechtswissenschaft X 57, dem ich betreffs der Differenzierung der Zuchthaus- und Gefängnisstrafe in diesem Stücke völlig zustimme.

13) Wer sich davon einige Anschauung verschaffen will, der lese die Verhandlungen des Internationalen Gefängniskongresses zu Stockholm vom Jahre 1879 I 169—170, die des Nordwestdeutschen Vereins für Gefängniswesen, 17. Vereinsheft (Hamburg 1887), S. 6 ff., 18. Vereinsheft, 1888, S. 38 ff., des Vereins der deutschen Strafanstaltsbeamten in den Blättern für Gefängniskunde Bd. XXV, Sonderheft (Heidelberg 1890), S. 158 ff.; Sichart, Abschaffung der Zuchthausstrafe?, in der Zeitschrift f. d. ges. Strafrechtswissenschaft X 392 ff.; Wirth, „Zu derselben Frage", daselbst S. 398 ff.

14) Was in dieser Beziehung der deutsche Entwurf eines Gesetzes über die Vollstreckung der Freiheitsstrafen bot, war selbst im Rahmen des Strafgesetzbuches durchaus unbefriedigend. — Anstrengungen in der gewünschten Richtung macht der österreichische Entwurf des Strafgesetzbuchs von 1889 („Entwurf eines Gesetzes betr. die Einführung eines Strafgesetzes über Verbrechen, Vergehen und Übertretungen") §§ 9—23, 35—45. Ausreichend ist das Gebotene nicht, auch nicht in der Gestalt, welche der ständige Strafgesetzausschuſs dem Entwurf gegeben hat, obschon der Zuchthausstrafe die Eigenschaft der entehrenden Strafart konsequent gesichert wird und die Differenzierung von den anderen Freiheitsstrafen auch in anderen Punkten betont wird. Vgl. auch Wahlberg, Betrachtungen über die Freiheitsstrafen in dem österreichischen Strafgesetzentwurfe. Wien 1890. S. 17 ff.

15) Vgl. von Liszt, Kriminalpolitische Aufgaben, in der Zeitschrift f. d. ges. Strafrechtswissenschaft IX 452 ff., 787 ff.; X 51 ff.

16) Es ist in neuerer Zeit soviel Zahlenmaterial zu diesem Punkte beigebracht, daſs es überflüssig erscheint, dasselbe an dieser Stelle in gröſserem Umfange zu reproduzieren. Nach

der Reichsstatistik des Jahres 1887 waren von 356 357 wegen Verbrechen und Vergehen gegen die Reichsgesetze Verurteilten: 179 628, also 50,41 %, zu Gefängnis unter drei Monaten verurteilt worden; das sind 78,75 % aller zu Gefängnisstrafe Verurteilten. Dazu treten die kurzzeitigen Freiheitsstrafen wegen Vergehen gegen die Landesgesetze und in Übertretungsfällen, sowie alle als Ersatz der nicht einbringlichen Geldstrafe vollzogenen. Ihre Zahl ist erheblich gröfser. — Für Österreich s. Wahlberg a. a. O. S. 6 Anm.

17) Schon in den Erläuterungen zur Kriminalstatistik des Reichs für 1884, Berlin 1886, wird S. 41 bemerkt: es ergebe sich, „dafs unter allen zu vollziehenden Strafen neben der Geldstrafe die kurzzeitigen Freiheitsstrafen weitaus den gröfsten Raum einnehmen". Es wird hinzugefügt: „dafs durch die letztere Strafe die regelmäfsigen Strafvollzugszwecke nur in viel unvollkommenerer Weise erreicht werden als durch länger dauernde Freiheitsstrafen, bedarf keiner Ausführung. Es folgt dies zum Teil daraus, dafs dieselben häufig in kleinen Lokalgefängnissen vollstreckt werden, welche der Natur der Sache nach nur in geringem Mafse den Anforderungen an Strafanstalten, wie sie die moderne Gefängniswissenschaft entwickelt, genügen. Für einen grossen Teil der Verurteilten bedeutet ferner der Aufenthalt in einer Strafanstalt gegenüber dem Zustande, an den sie in Freiheit gewöhnt sind, in materieller Hinsicht keine Verschlechterung; als empfindliches Strafübel wird überhaupt nur Freiheitsentziehung in Verbindung mit streng durchgeführtem Arbeitszwang empfunden, aber auch diese nur, wenn sie nicht auf kurze Zeit eintritt. Dafs endlich eine Besserung des Gefangenen in einer Zeit von weniger als drei Monaten nur ausnahmsweise erzielt werden kann, liegt auf der Hand. Die Thatsache, dafs von allen bereits mit Freiheitsstrafe vorbestraften Verurteilten 68,5 % zuletzt mit weniger als drei Monaten bestraft waren, dient zur Bestätigung dieses Satzes."

18) von Liszt a. a. O. IX 775 ff. Anm. 17 geht

meines Erachtens zu leicht über diesen Vorschlag hinweg. Das „demnach" seiner Note pafst nicht ganz zum Text; denn dafs der strenge Arrest „abschreckt", wird nicht bestritten werden können; thut er das, so leistet er, was er soll: er „nützt". Auch wird man nicht sagen können, dafs es „kostspielig" sei, ihn anzuwenden. — Abgesehen von dem Beispiel des Militärstrafrechts und den für die Strafanstalten und Gefängnisse geltenden Disciplinarstrafbestimmungen berufe ich mich auf Strosser, Blätter für Gefängniskunde XXI 145: „bei solchen Übertretungen — dürfte Arrest bei Wasser und Brot ohne Bett bis zu dreifsig Tagen Dauer jedenfalls wirksamer und gesegneter sich erweisen", — v. Jagemann ebenda XXIV 16: „ich halte, obwohl Gegner der Strafschärfungen (Hungerkost, Dunkelarrest) bei langen Strafen, wo die Älteren unter uns ja den Unwert und Schaden sattsam erprobt haben, doch bei ganz kurzen Strafen Erschwerungen für zulässig, namentlich um ein gemeines Motiv zu treffen", — van Hamel, Mitteilungen der internationalen kriminalistischen Vereinigung, 1889, S. 186, welcher darauf hinweist, dafs das niederländische Strafgesetzbuch für den Fall des Ersatzes der Geldstrafe durch Haft eine Erschwerung derselben durch Vollziehung bei Wasser und Brot während der ersten beiden Tage eingeführt habe, eine Mafsregel, welche trotz mancher abfälligen Beurteilung den Erfolg gehabt habe, dafs gegenwärtig mehr Geldstrafen bezahlt würden, — von Medem, Zeitschrift f. d. ges. Strafrechtswissenschaft VII 158 ff. — Ich berufe mich endlich auf den Entwurf des österreichischen Strafgesetzbuchs § 13 (Ausschufsentwurf § 14), welcher bei der Zuchthausstrafe, in gewissen Fällen bei der Gefängnisstrafe, und bei der Haft, wenn durch die Umstände, unter welchen die strafbare Handlung begangen worden ist, oder durch die Eigenschaft des Thäters eine strengere Behandlung geboten ist, als Strafschärfungen für die ganze Zeit, jedoch nicht länger als fünf Jahre, zuläfst: 1. zweimal die Woche Fasten, d. h. Beschränkung auf Wasser und Brot und einmal warme Suppe oder auch ohne letztere, 2. zweimal die Woche hartes Lager auf Brettern, 3. in wöchentlichen (Ausschufsentwurf: monatlichen) Zwischenräumen einmal vierundzwanzig Stunden ununterbrochene einsame Absperrung in dunkler Zelle.

19) Zu diesen gehört „the city custom of apprentices" Londons, von welcher W. Tallack in seinen Penological and preventive principles. London 1889. S. 310 ff. berichtet.

20) The probation of First Offenders Act. 1887: In any case in which a person is convicted of larceny, or false pretences, or any other offence punishable with not more than two years' imprisonment, before any Court, and no previous conviction is proved against him, if it appears to the Court before whom he is so convicted, that, regard being had to the youth, character, and antecedents of the offender, to the trivial nature of the offence, and to any extenuating circumstances, under which the offence was committed, it is expedient that the offender be released on probation of good conduct, the Court may, instead of sentencing him at once to any punishment, direct that he be released on his entering into a recognizance, with or without sureties, and during such period as the Court may direct, to appear and receive judgment when called upon, and in the meantime to keep the peace and be of good behaviour.

The Court may, if it thinks fit, direct that the offender shall pay the costs of the prosecution, or some portion of the same, within such period and by such instalments as may be directed by the Court.

Vgl. dazu Tallack a. a. O. S. 309, 313 ff.

21) Das Gesetz betrifft die bedingte Entlassung (ticket of leave) und den Strafaufschub. Der auf letztern bezügliche Art. 9 lautet: Les cours et tribunaux, en condamnant à une ou plusieurs peines, peuvent, lorsque l'emprisonnement à subir, soit comme peine principale ou subsidiaire, soit par suite du

cumul de peines principales et de peines subsidiaires, ne dépasse pas six mois et que le condamné n'a encouru aucune condamnation antérieure pour crime ou délit, ordonner par décision motivée qu'il sera sursis à l'exécution du jugement ou de l'arrêt, pendant un délai dont ils fixent la durée, à compter de la date du jugement ou de l'arrêt, mais qui ne peut excéder cinq années.

La condamnation sera considérée comme non avenue si, pendant ce délai, le condamné n'encourt pas de condamnation nouvelle pour crime ou délit.

Dans le cas contraire, les peines pour lesquelles le sursis a été accordé et celles qui font l'objet de la condamnation nouvelle sont cumulées.

22) Der von M. Léveillé auf dem Brüsseler Kongrefs der internationalen kriminalistischen Vereinigung mitgeteilte Passus lautet (Mitteilungen der intern. krim. Verein. S. 155): ch. VI. Du Pardon, du Sursis à l'exécution et de la Libération conditionnelles. § 2. Du sursis à l'exécution. Art. 67. Le tribunal peut, lorsqu'il prononce une peine inférieure ou égale à trois mois d'emprisonnement ou de détention contre un inculpé n'ayant pas encore été condamné pour crime ou délit, ordonner qu'il sera sursis à l'exécution de cette peine.

Art. 68. Le sursis est révoqué de plein droit, si dans le délai de trois années, le condamné commet un nouveau crime ou un nouveau délit passible de l'emprisonnement ou de la détention.

Dans ce cas, la première condamnation sera subie sans confusion avec la seconde.

Art. 69. La condamnation sera considérée comme exécutée s'il n'est pas prononcé de nouvelle condamnation dans les termes du précédent article.

23) Österreichischer Ausschufsentwurf § 25: „Das Gericht kann in besonders rücksichtswürdigen Fällen den Aufschub des Vollzuges einer zuerkannten, die Dauer von sechs Monaten nicht übersteigenden Freiheitsstrafe mit der Wirkung

beschliefsen, dafs die Strafe als abgebüfst anzusehen sein wird, wenn der Verurteilte innerhalb der vom Gerichte festgesetzten Zeit, welche mit mindestens einem Jahr von der Rechtskraft des Urteils anzusetzen ist und die Dauer von drei Jahren nicht übersteigen darf, ein Verbrechen oder Vergehen nicht begangen haben wird.

Dieser Beschlufs ist unzulässig bei Personen, deren Wohnsitz nicht festgestellt ist, sowie bei Personen, welche bereits wegen Verbrechen oder Vergehen verurteilt worden sind oder gegen welche auf Schmälerung der staatsbürgerlichen Rechte, auf Zulässigkeit der Stellung unter Polizeiaufsicht oder Verwahrung in einer Zwangsarbeits- (Besserungs-) Anstalt, auf Verweisung (§ 39) oder Untersagung der Ausübung eines vorsätzlich mifsbrauchten Berufes (§ 36 Abs. 1) erkannt wurde.

Auf Freiheitsstrafen, welche im Falle des § 49 Abs. 2 an Stelle des Zuchthauses oder im Falle der Uneinbringlichkeit von Geldstrafen an deren Stelle zu treten haben, finden vorstehende Bestimmungen keine Anwendung.

Die Eintreibung zuerkannter Entschädigungsansprüche und Geldbufsen sowie der Vollzug von Nebenstrafen wird von dem Beschlusse auf Aufschub des Strafvollzuges nicht berührt."

Dazu das Einführungsgesetz Art. XLII: „Der Beschlufs auf Aufschub des Strafvollzuges in Gemäfsheit des § 25 des Strafgesetzes mufs bei Verkündung des Urteils eröffnet werden.

Der Beschlufs auf Aufschub des Strafvollzuges steht dem Gerichte erster Instanz zu. Wenn gegen das Urteil eines Bezirksgerichtes ein Rechtsmittel ergriffen und über dasselbe eine Berufungsverhandlung vorgenommen wird, so steht diese Beschlufsfassung dem Gerichtshofe erster Instanz zu.

In anderen Fällen wird, wenn über ein ergriffenes Rechtsmittel entschieden worden ist, dem Gerichte erster Instanz die Beschlufsfassung über den Aufschub des Strafvollzuges überlassen.

Dem Ankläger steht das Recht der Beschwerde gegen

Anmerkungen.

den Beschluſs auf Aufschiebung des Strafvollzuges zu. Über diese Beschwerde, welche binnen drei Tagen nach Eröffnung des Beschlusses der ersten Instanz anzubringen ist, entscheidet, wenn das Urteil von einem Bezirksgericht geschöpft wurde, der Gerichtshof erster Instanz, sonst das Oberlandesgericht.

Nach Ablauf der im Beschlusse angegebenen Zeit hat das Gericht die Erlöschung der Freiheitsstrafe auszusprechen. Gegen den vom Gerichte erster Instanz zu fassenden Beschluſs auf Erlöschung der Strafe hat die Staatsanwaltschaft, gegen den Beschluſs, daſs die Strafe ungeachtet des auf Aufschub des Vollzuges ergangenen Ausspruches in Vollzug zu setzen ist, hat der Verurteilte das Beschwerderecht.

Die Beschwerde, welche binnen drei Tagen nach Bekanntgabe des Beschlusses anzubringen ist, geht gegen Beschlüsse der Gerichtshöfe erster Instanz an das Oberlandesgericht und gegen Beschlüsse der Bezirksgerichte an den Gerichtshof erster Instanz.

Wenn der Beschluſs, womit das Erlöschen der Freiheitsstrafe ausgesprochen wurde, rechtskräftig geworden ist, kann derselbe wegen eines erst nachträglich bekannt gewordenen, wenn auch innerhalb der festgesetzten Frist begangenen Verbrechens oder Vergehens nicht angefochten werden." — Zu diesen Bestimmungen des Entwurfs vgl. die beifälligen Äuſserungen von Wahlberg a. a. O. S. 35 ff.; Ofner, Einige Reformvorschläge zum Strafgesetzentwurf. Wien 1890. S. 12 ff.

24) Deutsches Wochenblatt, 30. März 1890 Nr. 12 S. 134.

25) So ging es den Opponenten in Halle, insbesondere von Kirchenheim, welcher folgende Thesen in Vorschlag gebracht hatte:

„Wir erklären uns unter voller Anerkenntnis der Reformbedürftigkeit der kurzzeitigen Freiheitsstrafen gegen die Einführung der sogenannten „„condamnation conditionnelle"".

In dieser Einrichtung, welche für zahlreiche Fälle eine Beseitigung der kurzzeitigen Freiheitsstrafen bedeutet, können wir ein Ersatzmittel der letzteren von „„gleicher Wirksamkeit"" nicht erblicken.

Ein Bedürfnis zur Übertragung des Begnadigungsrechtes, welches in dem Strafaufschube enthalten ist, an die mit Aburteilung der geringen Straffälle betrauten Gerichte kann im Hinblick auf unsere staatsrechtlichen und strafprozessualen Bestimmungen (Str.-Pr.-O. § 488) nicht anerkannt werden.

Die Einführung der fakultativen „„bedingten Verurteilung"" würde in hohem Mafse den Grundsatz der Gleichheit vor dem Gesetze verletzen und eine erste Etappe zur strafrechtlichen Klassengesetzgebung bilden.

Eine obligatorische „„bedingte Verurteilung"" aber würde die Fundamentalgrundsätze unseres Strafrechtes — und mittelbar unserer Staats- und Gesellschaftsordnung — zertrümmern, die sittlichen Anschauungen des Volkes zu verwirren geeignet sein und einer grofsen Gruppe von Delinquenten einen Freibrief für eine einmalige Übertretung des Strafgesetzes gewähren."

Vgl. auch dessen Rapport für den IV. internationalen Petersburger Kongrefs, S. Petersburg 1890.

26) S. die Angaben von Aschrott in seinem lehrreichen und interessanten Vortrag „Aus dem Strafen- und Gefängniswesen Nordamerikas". Hamburg 1889. S. 45. Dieselben werden, wie der Text zeigt, durch die späteren Daten unterstützt.

27) Vgl. W. Tallack a. a. O. S. 305. Die Reports selbst haben mir nicht zur Verfügung gestanden.

28) Über das Folgende ist vorzüglich zu vergleichen Tallack a. a. O. S. 303 ff. und Aschrott a. a. O. S. 39 ff.

29) M. Adolph Prins' Darstellung wird in den Mitteilungen der internat. krimin. Vereinigung, 1889, Nr. 3 S. 147 im französischen Text (der deutsche findet sich S. 177 ff.) folgendermafsen wiedergegeben: „M. Prins fait l'historique

de l'innovation. Il donne des détails sur les résultats qu'elle a fournis depuis 1878 dans le Massachusets, et, spécialement à Boston. L'organisme diffère, mais le principe est le même: un fonctionnaire spécial, le probation officer, fait sur les délinquants, qui paraissent pour la première fois devant le tribunal, une enquête soigneuse; il se met au courant de leurs mœurs, de leur entourage, de leur passé, de leur réputation. Ces recherches lui font connaître le délinquant et l'importance relative du délit. C'est en connaissance de cause, qu'il se présente maintenant devant le tribunal, à côté du ministère public et réclame, si les données de son enquête lui en ont prouvé l'utilité, la condamnation conditionnelle: condemnation on probation." In einer Note wird davon gesprochen, dafs „en cas de condamnation nouvelle cette seconde peine n'est pas cumulée avec cette qui a été prononcée on probation". Es wird also in der That angenommen, dafs das Stellen auf Probe mit einer Verurteilung zu bestimmter Strafe verbunden sei. Das Bostoner Gesetz sagt: „the officer, if then satisfied that the best interests of the public and of the accused would be subserved by placing him upon Probation, shall recommend the same to the Court trying the case, and the Court may permit the accused to be placed upon Probation, upon such terms as it may deem best, having regard to his reformation." — Die richtige Auffassung s. auch bei von Liszt a. a. O. IX 762.

30) Vgl. Tallack a. a. O. S. 312 ff.

31) Ist ein in der Nationalzeitung vom 15. April 1890 Nr. 212 gegebener Bericht über die Generalversammlung der juristischen Gesellschaft in Berlin vom 12. d. M. richtig, so motivierte Dr. Wirth seine Empfehlung der bedingten Verurteilung ausschliefslich mit den Mängeln der kurzzeitigen Freiheitsstrafe. — Auch von Liszt betont a. a. O. IX 759 vorzüglich die negative Seite: Das belgische Gesetz bedeute einen hoch beachtenswerten Versuch, mit dem ganzen Jammer der kurzzeitigen Freiheitsstrafe aufzuräumen und den Gelegen-

heitsverbrecher vor der sittlichen Verderbnis zu schützen, welche ein nach Tagen oder Wochen bemessener Aufenthalt im Gefängnis, mag dieses auch nach belgischem Muster mit der genügenden Anzahl von Einzelzellen verbunden sein, notwendig mit sich bringe. — Dagegen M. Ad. Prins a. a. O. Nr. 1 S. 32 ff. „La menace d'exécution en cas de rechute sera un frein plus puissant que la déchéance consommée par la prison." — Guillery das. Nr. 3 S. 183: „Die bedingte Verurteilung sei das energischte und beste Mittel zur Verhütung des Rückfalles. Verurteilt zu sein und das Damoklesschwert über seinem Haupte schweben zu wissen, das sei eine Strafe und zwar bei richtiger Anwendung eine gerechte Strafe, während die Einsperrung häufig nicht nur unzweckmäfsig erscheine, sondern geradezu zur schreienden Ungerechtigkeit werde." — Ofner a. a. O. S. 13: „Das Bewufstsein des Verurteilten, dafs, wenn er in der ihm angekündigten Zeit ein weiteres Verbrechen oder Vergehen verübt, er doppelte Strafe abbüfsen mufs, wird gewifs die Folge haben, dafs er sich doppelt in acht nimmt, und da die Strafe Schutz der Gesellschaft durch ein dem Schuldigen zugefügtes Leid ist, so ist dessen Furcht begrifflich selbst als Strafe anzuerkennen." — Wahlberg a. a. O. S. 35: „Aber das Damoklesschwert, das über der Freiheit und gesellschaftlichen Stellung des bedingt Verurteilten schwebt, hält denselben ungleich wirksamer (als die Strafdrohung) im Zaume, da die dem Verurteilten individuell angedrohte Strafvollstreckung sicher in Aussicht steht und ihn wenigstens das verstärkte Furchtmotiv beherrscht, wenn sein Wille zu schwach sein sollte, aus freien Stücken den Weg des Rechts zu wandeln." — Der Bericht des österreichischen ständigen Strafgesetzausschusses bemerkt zu dem oben Anm. 23 abgedruckten § 25 des Entwurfs: „Dem bezüglichen Antrage wurde im Ausschusse von keiner Seite ein prinzipieller Widerspruch entgegengebracht — —. Der Annahme des Antrages liegt die vom Ausschusse gewonnene Überzeugung zu Grunde, dafs bei Verurteilen, welche eine Vorbestrafung noch nicht erlitten haben, in vielen Fällen der Ausspruch des Gerichtes, dafs die Bestrafung einzutreten habe, ausreichend ist, um eine Umkehr zu bewirken, dieselben für die Zukunft abzuhalten, den Weg der Begehung strafbarer Handlungen wieder zu betreten, und dafs gerade in dem Umstande, dafs sie mit dem Makel des Vollzugs der Freiheitsstrafe nicht behaftet werden, eine Stärkung des Vorhabens der Vermeidung strafbarer Handlungen gelegen ist. Auch mufste sich der Ausschufs gegenwärtig halten, dafs die Einrichtungen dort, wo es sich um kurzzeitige Freiheitsstrafen handelt, keine Gewähr bieten, dafs die Vollstreckung der Freiheitsstrafen nicht geradezu von nachteiligen Folgen für das weitere Verhalten des Verurteilten begleitet sei."

32) Hierauf deutet von Kirchenheim in seinem Rapport (s. oben Anm. 25) S. 12.

33) Nach dieser Seite giebt verdienstvolle Anregungen Lammasch in seinem besonnenen Gutachten in den Mitteil. d. intern. kriminal. Verein. Nr. 1 S. 34 ff.

34) Diesen Punkt regten verschiedene Redner auf dem Brüsseler Kongrefs an.

35) Man vgl. den Leitartikel der Nationalzeitung vom 2. April 1890 Nr. 194, welcher sich über die Hallenser Versammlung verbreitet: „Man darf wohl zu unseren Richtern das Vertrauen hegen, dafs sie das Institut nur da zur Anwendung bringen werden, wo auf der einen Seite zu besorgen ist, dafs der Strafvollzug den noch relativ unverdorbenen Verurteilten moralisch schädigen werde, während auf der anderen Seite die begründete Aussicht vorhanden ist, dafs die Thatsache der Verurteilung wie das in der Debatte stark verwendete „Damoklesschwert" des ihm noch drohenden Strafvollzuges den Thäter von weiteren Strafthaten abhalten werde."

36) Das ist der Grundgedanke, welchen mit vieler Wärme der Vorkämpfer dieses Systems E. C. Wines in seinem Werke „The State of prisons and of child-saving institutions in the

civilized world" (Cambridge 1880) S. 619 ff. ausführt und sein Sohn, der hochverdiente Sekretär der National Prison Association of the United States F. W. Wines festgehalten hat; vgl. dessen The Restauration of the criminal. Springfield 1888. S. 12. Ich gebe aus dem erst angeführten Werk die Beweisführung in Übersetzung. „Die Frage ist: ist das Prinzip der unbestimmten oder Besserungsurteile (reformation sentences) gerecht und billig? Wir stellen die Frage ihrer Ausführbarkeit für einen Moment zur Seite und haben einfach die Gerechtigkeit und Weltklugheit des Prinzips zu prüfen, der besseren Beweisführung wegen annehmend, es sei ausführbar. Nun, welches Ziel verfolgen wir mit öffentlicher Strafe? — Die Abnahme der Verbrechen. Aber diese ist hauptsächlich in der Besserung des Verbrechers zu suchen. Es ist deshalb eine berechtigte, um nicht zu sagen nötige, Ausübung menschlicher Autorität, ihn gefangen zu halten, bis dies Ziel erreicht ist. Der Franzose Dr. Despine, einer der tiefsten Denker über Gefängnis und Strafrecht, geht soweit, dafs er sagt, der Gebrauch dieses Prinzips würde eine Notwendigkeit werden, sobald ein wirkliches Reformsystem der Gefängnisdisciplin allgemein eingeführt und mit nüchternem Ernst gehandhabt würde. Wiederum ist der Verbrecher ein Mann, welcher Missethat begangen hat und Strafe verdient. Aber er ist auch ein moralisch erkrankter Mann und bedarf einer Kur. Das Gefängnis soll beide Dinge ausführen — die Strafe und die Kur, ja sogar die Kur durch die Strafe effektuieren. Da es nun entschieden unmöglich ist, eines kranken Menschen Heilungsdatum im voraus festzustellen, so ist es nicht weniger unmöglich, den Tag vorauszusagen, an dem ein moralischer Patient zu gänzlicher moralischer Gesundheit zurückgebracht sein wird. Also laufen wir bei Fixierung der Dauer des Urteils in diesem letzteren Fall eine doppelte Gefahr: nämlich einerseits den Verbrecher in die Gesellschaft freizulassen, ehe er geheilt ist, andererseits ihn gefangen zurückzuhalten, nachdem er geheilt ist; so dafs, indem wir seine Freilassung von der Zeitdauer abhängig machen, wir fast sicher sind, ein Unrecht auf der einen oder andern Seite zu begehen — ein Unrecht gegen die Gesellschaft oder ein Unrecht gegen den Gefangenen. Demnach ist der Schutz der Gesellschaft zu gleicher Zeit Zweck und Rechtfertigung der Haft. — — Mehr noch: Erfahrung hat gelehrt, dafs es unmöglich ist, die Strafen dem Grad des Verbrechens anzupassen und dafs das Richtmafs der Strafe leichter gedacht als realisiert ist.

In welchem Prinzip können wir denn also Hülfe finden als in dem der Besserung oder Kur? Aber da eine Kur in keinem Fall mit Sicherheit vorausgesagt werden kann und da, wenn dies der Fall wäre, die Zeit dazu im voraus nicht bemessen werden könnte, scheint keine Alternative gelassen als die der in der Dauer unbestimmten Verurteilung. Wir setzen nicht den Irrsinnigen in Freiheit, ehe er vom Wahnsinn geheilt ist, ebensowenig können wir in sicherer, noch in gerechter Weise den Verbrecher freilassen, bis er von seinem Hang zum Verbrechen geheilt ist. Da die Sicherheit der Gesellschaft und das Wohl des Irrsinnigen verlangen, dafs seine Haft nach diesem Prinzip geregelt werde, so verlangen die Sicherheit der Gesellschaft und das Wohl des Verbrechers gleichermafsen, dafs seine Haft demselben Prinzip angepafst werde. In der That mufs die Richtigkeit des Grundsatzes, sollte es scheinen, jedem Sinn einleuchten im Augenblick, da er ausgesprochen wird. Die von allen empfundene Schwierigkeit liegt in der Möglichkeit der Handhabung. Gewifs könnte man dies nicht unternehmen, solange Politiker unsere Gefängnisse beherrschen, noch könnte es sein, bis ihre Administration bleibend in die Hand kompetenter Männer gelegt sein würde. Jedoch gestehe ich, zu der Zahl derer zu gehören, welche glauben, dafs Gott keine Wahrheit gegeben hat, in welche er nicht eine Kraft gelegt, die früher oder später siegen mufs. Aber es ist nicht wahrscheinlich, dafs eine so grofse Veränderung, wie die von bestimmtem zu unbestimmtem Urteil, plötzlich sich vollziehen könnte, noch wäre es wünschenswert, dafs dies möglich wäre. Das Prinzip mufs erst (vielleicht immer) unter Einschränkung versucht werden. Die Gerichtshöfe müssen eine Maximaldauer der Strafe bezeichnen und in diesem Termine die Zeit der Freilassung dem Ermessen überlassen — gerade wie es jetzt im Fall der jugendlichen Verbrecher geschieht, welche zur Besserungsanstalt verurteilt werden." So sei es durch das Gesetz über das Reformatory zu Elmira geschehen.

37) Eine Äufserung von Professor Francis Wayland in New Haven, welche Aschrott a. a. O. S. 31 mitteilt.

38) von Liszt a. a. O. S. 490.

39) Vgl. Tallack a. a. O. S. 102, Aschrott a. a. O. S. 18 ff.

40) Dafür berufe ich mich in erster Linie auf amerikanische Zeugnisse: vgl. Report der Prison Association of New York, 1881, S. 44 ff. Report desselben Vereins, 1885, S. 24 ff. E. C. Wines a. a. O. S. 115 ff. Vgl. dazu Tallack a. a. O. S. 79 ff., v. Jagemann im Handbuch des Gefängniswesens I 351 ff.

41) Ich gebe aus dem im Text angeführten Gesetz, Chap. 173, einige besonders wichtige Bestimmungen wörtlich: § 2. Every sentence to the Reformatory of a Person hereafter convicted of a felony or other crime shall be a general sentence to imprisonment in the New York State Reformatory at Elmira, and the courts of this state imposing such sentence shall not fix or limit the duration thereof. The term of such imprisonment of any person so convicted and sentenced shall be terminated by the Managers of the Reformatory as authorized by this act, but such imprisonment shall not exceed the maximum term provided by law for the crime for which the prisoner was convicted and sentenced. — § 5. The Board of Managers shall have power to transfer temporarily, with the written consent of the Superintendent of Prisons, to either of the state prisons, or in case any prisoner shall become insane, to the convict asylum at Auburn, any

prisoner who, subsequent to his committal shall be shown to have been, at the time of his conviction, more than thirty years of age, or to have been previously convicted of crime, and may also so transfer any apparently incorrigible prisoner whose presence in the Reformatory appears to be seriously detrimental to the well being of the institution. And such Managers may, by written requisition, require the return to the Reformatory of any person who may have been so transferred. The said Board of Managers shall also have power to establish rules and regulations under which prisoners within the Reformatory may be allowed to go upon parole outside of the Reformatory buildings and inclosure, but to remain, while on parole in the legal custody and under the control of the Board of Managers, and subject at any time to be taken back within the inclosure of said Reformatory, and full power to enforce such rules and regulations and to retake and reimprison any convict so upon parole, is hereby conferred upon said Board, whose written order certified by its secretary, shall be a sufficient warrant for all officers named in it to authorize such officers to return to actual custody any conditionally released or paroled prisoner, and it is hereby made the duty of all officers to execute said order the same as ordinary criminal process. The said Board of Managers shall also have power to make all rules and regulations necessary and proper for the employment, discipline, instruction, education, removal and temporary or conditional release and return as aforesaid of all the convicts in said Reformatory. — § 6. Whenever there is unoccupied room in the Reformatory, the Board of Managers may make requisition upon the Superintendent of Prisons, who shall such number as is required by such requisition, from among the youthful, well-behaved and most promising convicts in the state prisons, and transfer them to the Reformatory for education and treatment under the rules and regulations thereof. —

Aus den Rules and Regulations führe ich an „The

conditions of release: There are three conditions of release which is always on parole for a period of six months or more, of correspondence with the General Superintendent certified industry, economy and good behaviour. The first condition is that the inmate shall earn twelve months of sustained good record; the second, that he shall gain the confidence of the General Superintendent and Managers; and the third, that previous to his release, some definite, permanent, suitable employment is arranged for by his friends or the management here." — Vgl. auch Aschrott a. a. O. S. 19 ff.

42) Annual Report of the Board of Managers of the N. Y. State Reformatory at Elmira, 1883, S. 13.

43) Die Rules and Regulations bestimmen über diese Klassen: „The Grade Promotions: All are admitted into the Second or Intermediate Grade with liability to fall to the Third or penal Grade for misconduct or they may rise to the First Grade by good conduct. Degradation to the Third Grade is always for either of three reasons, viz.: (1) „Crookedness" here, though in comparatively unimportant matters, when it reveals the continued criminality of the man. (2) Quarreling, when it culminates in an assault or a fight. (3) Such disregard of rules or proprieties as shows indifference to progress or great want of self-control, if continued for three months or more. Promotion to the First Grade is by earning nine marks for six months in or nearly in succession. The marks are earned, three for demeanour, three for labor, three for school progress. After entrance to the First Grade, six months more of good performance is required under somewhat enlarged liberties, when, if there is confidence and employment, the inmate may go out on parole. Six months of good record on parole usually secures from the Managers an absolute release."

44) Rules and Regulations, Differences In Grades: „In the Second Grade — — inmates are closed in ordinary citizen's dress of dark material, except that the cap is as sai-

lors wear. Their rooms are furnished with a cupboard and chair; they have sheets; slippers, brushes and a gas light at evening. They march not in the prison lock-step but in two's and small companies under command of a First Grade inmate. In this grade men may receive letters from near relations on every Sunday, and are privileged to write letters once a month, the Reformatory furnishing writing materials and stamps. All correspondence is supervised by an officer. Visits from near relations are allowed once in three months, but necessarily of short duration, Library books are distributed every week.

The Third Grade wear clothing of red color, their rooms are bereft of all save bed, blankets and bucket. They are served with the same rations as the Second Grade, except tea and coffee which is not furnished men in this Grade; there is, however, no arbitrary limit to the quantity of food served, and any man in any grade who is ill, receives such rations as the Physician prescribes. This Grade men have not the privilege of the Library, neither do they write nor receive letters or visits. They march in the prison lock-step. From one month to three of perfect demeanour restores one to the Second Grade. The First Grade are clad in a neat blue uniform with navy cap, they have better rooms, dine at tables in a great dining-hall, and have the privilege of conversing with each other during meals. They have at dinner, delivered by a selected inmate, a summary of current news. Their rooms — many of them are supplied with a spring bed — are larger than the rooms of other grades, and in some instances two are allowed to occupy one room. Men in this grade move in larger platoons under command of a captain of their own grade. They can write and receive letters every week. They are selected for patrolmen, keymen and various position of honour and trust in and about the establishment." Eine lehrreiche Schilderung eines Sträflingslebens im ersten und zweiten

Grad finde ich im Report der Prison Association of N. Y., 1884, S. 44 ff.

45) Hierüber giebt Aufschluſs der den Reports beigegebene „Summary of daily routine".

46) Tallack a. a. O. S. 99.

47) Den besten Einblick in den Schulgang und die Leistungen gewähren die Reports. Es bestehen 7 Klassen (A—G). Man berichtet, daſs für vortreffliche Lehrkräfte gesorgt und wie in höchst rationeller Weise der Schüler von Stufe zu Stufe geführt wird. Von den Examensleistungen einzelner Schüler werden überraschende Proben gegeben. Es wird gefragt nach dem System des Edisonschen Phonographen, der Schnelligkeit des Schalles bei bestimmter Temperatur, der Entstehung des Echos, nach dem Begriff des Wertes, Preises, Kapitals, nach dem Gegensatz von written und common law, den Erfordernissen eines Vertrags, dem Begriff des Partnership, dem Unterschied zwischen Slander und Libel. Es werden Aufgaben gestellt wie folgende: beschreibe ein altjüdisches Haus, erzähle, wo der Tempel gelegen war, wer ihn erbaute, schildere das Leben eines Spartaners nach seinem 7. Lebensjahr. Man fragt: wen bewunderst Du, den Spartaner oder den Athener? Gieb Deine Gründe.

48) Tallack a. a. O. S. 99 ff.

49) Ich muſs die Vertretung dieser Nachrichten Mr. Tallack a. a. O. S. 103 überlassen.

50) Tallack a. a. O. S. 82, 83.

51) Howard association Report, Oktober 1885, S. 18 ff.

52) Tallack a. a. O. S. 101 ff.

53) A. a. O. X 53.

54) Zum Beleg vgl. man „Zuchthausgeschichten von einem ehemaligen Sträfling", mit einem Vorwort von A. Stolz. Bd. I, Münster 1853, S. 55 ff.; Sichart in den Blättern für Gefängniskunde XX 307; Wirth ebenda XXIII 227 ff.

55) A. a. O IX 497.

Anmerkungen.

56) Kräpelin, Die Abschaffung des Strafmaſses (Stuttgart 1886) S. 63 verlangt „Persönlichkeiten von höchster allgemeiner und fachwissenschaftlicher Bildung, tiefster theoretischer und praktischer Menschenkenntnis und reichster Erfahrung im Amte".

57) Handbuch des Gefängniswesens II 118.

Printed by Libri Plureos GmbH
in Hamburg, Germany